ABRAHAM LINCOLN

SA JEUNESSE ET SA VIE POLITIQUE

HISTOIRE DE L'ABOLITION DE L'ESCLAVAGE
AUX ÉTATS-UNIS

PAR

ALPHONSE JOUAULT

Ouvrage contenant 8 gravures

DEUXIÈME ÉDITION

PARIS
LIBRAIRIE HACHETTE ET Cie
79, BOULEVARD SAINT-GERMAIN, 79

1880

ABRAHAM LINCOLN

ABRAHAM
LINCOLN

SA JEUNESSE ET SA VIE POLITIQUE

HISTOIRE DE L'ABOLITION DE L'ESCLAVAGE
AUX ÉTATS-UNIS

PAR

ALPHONSE JOUAULT

DEUXIÈME ÉDITION

PARIS
LIBRAIRIE HACHETTE ET Cie
79, BOULEVARD SAINT-GERMAIN, 79

1880

Droits de propriété et de traduction réservés.

La Maison-Blanche.

INTRODUCTION

OÙ L'AUTEUR FAIT LA CONNAISSANCE DE SON HÉROS.
LA MORT D'UN JUSTE.

Ce livre a été commencé à Washington quelques jours après la mort du grand citoyen dont je veux raconter l'instructive et touchante histoire.

Après avoir visité tout le nord des États-Unis, j'arrivais à temps dans la capitale pour assister, le 4 mars 1865, à la cérémonie qui devait inaugurer la seconde présidence d'Abraham Lincoln.

La crise sanglante que traversait depuis quatre ans l'union républicaine touchait à sa dernière période.

Le Congrès, par le vote du treizième amendement à la Constitution, venait d'abolir l'esclavage aux États-Unis.

Les forces du Sud étaient épuisées.

La chute de Vicksburg, l'entrée héroïque du vieil amiral Farragut dans la baie de Mobile, la marche hardie de Sherman à travers la Géorgie, l'investissement de Richmond par Grant et les expéditions heureuses et brillantes du *galant* Sheridan, tout annonçait la fin prochaine de la lutte.

Les États rebelles ne pouvaient plus résister longtemps, entourés par les flottes et les armées du Nord d'un cordon militaire dont le gouvernement de Richmond comparait lui-même l'étreinte à celle d'un boa gigantesque.

Pour atteindre ce résultat on avait fait des sacrifices immenses en hommes et en argent. La guerre coûtait déjà 330 mille morts, un million de blessés et 15 milliards de notre monnaie, sans compter les ruines accumulées par les armées belligérantes.

C'est dans ces circonstances que le président de la République, entouré des membres du Congrès et du Corps diplomatique, se présentait devant le peuple assemblé sur la place du Capitole pour renouveler, entre les mains du *Chief-Justice*, son serment de fidélité à la constitution.

Il me semble voir encore s'avancer sur le devant de l'estrade dressée pour la circonstance ce grand homme étrange auquel le peuple américain avait eu le bonheur de confier ses destinées.

L'allure était lourde, nonchalante, irrégulière; le corps long et maigre; des épaules voûtées, de grands bras de batelier, de grandes mains de charpentier, des mains extraordinaires, mais qui n'avaient pourtant rien de disproportionné si on les comparait à ses pieds.

Le président portait un vêtement noir assez mal ajusté. Pour cravate, une espèce de corde de soie arrêtée par un large nœud et dont les bouts flottaient sur les revers d'un gilet demi-montant. Le col de sa chemise rabattu laissait voir les muscles saillants d'un cou jaune, au-dessus duquel sortait d'une touffe de poils noirs, hérissés et épais comme un petit bouquet de sapins, une figure d'un attrait irrésistible [1].

Étudiez le portrait de Lincoln. Les pommettes sont saillantes; les lèvres s'étendent sur une ligne droite d'un côté de la barbe à l'autre, arrêtées brusquement par deux sillons profonds creusés trop près des oreilles; le nez se projette de la face avec un air inquiet, comme s'il flairait quelque chose dans l'air : tout cela est mal façonné, mais cela n'est pas tout l'homme.

Cette enveloppe grossière servait de gaîne à une âme merveilleuse de grandeur et de beauté morale. Sur le front tout sillonné de rides, se lisaient les pensées et les soucis de l'homme d'État, et dans de

---

[1]. Dans le nord de l'Amérique, la population anglo-saxonne est très-mélangée de sang allemand ou irlandais, sans parler d'autres variétés. Son type s'en est ressenti, tantôt se rapprochant du Teuton ou du Celte, tantôt par des influences de climat rappelant les Peaux-Rouges, indigènes du pays. Lincoln en était un exemple frappant, un vrai Cherokee blanc, aux cheveux plats, aux pommettes saillantes, au regard insondable, — nature osseuse aux larges mains, destinée au travail manuel et s'étant tirée du travail intellectuel comme elle a pu. EDWARD LEE CHILDE. *Le général Lee, sa vie et ses campagnes*. Paris. Libr. Hachette, 1874.

grands yeux noirs profonds et pénétrants où dominaient la douceur et la bonté noyées dans une certaine tristesse, on devinait une charité inépuisable, un amour infini de la justice et de l'humanité.

Si, comme le dit Buffon, le style est l'homme même, rien ne peut mieux faire connaître Lincoln que son adresse au peuple des États-Unis :

« Mes chers concitoyens,

« Au moment de prêter pour la seconde fois le serment pour la présidence, j'ai moins à vous dire que la première. Alors un exposé détaillé de la conduite à tenir était nécessaire. Maintenant, après quatre années pendant lesquelles l'opinion publique a été consultée sur chaque point, à chaque phase du grand conflit qui absorbe encore l'attention et occupe l'énergie de la nation, peu de choses nouvelles peuvent vous être dites.

« Les progrès de nos armes, dont tout dépend principalement, sont aussi bien connus de la nation que de moi-même, et, j'en ai la confiance, ils sont de nature à nous satisfaire et à nous encourager. Avec une pleine espérance dans l'avenir, je ne puis aventurer aucune prédiction.

« A la même date, il y a quatre ans, tous les esprits inquiets s'attendaient à une guerre civile imminente. Tous la redoutaient ; tous cherchaient à l'éviter. Pendant que je vous adressais, à cette place, mon discours d'inauguration, des agents parcouraient la ville, cherchant à détruire l'Union par la guerre, à la dissoudre, à la diviser. Les deux partis maudissaient la guerre ; mais l'un aimait mieux faire la guerre que de laisser vivre la nation, l'autre que de la laisser périr, et la guerre éclata.

« Un huitième de la population se composait d'esclaves de couleur cantonnés au Sud de l'Union. Ces esclaves représentaient un intérêt particulier et puissant. *Tout le monde savait qu'ils étaient en réalité la cause de la guerre.* Fortifier, étendre, perpétuer cette institution était l'objet qui poussait les insurgés à rompre l'Union par les armes, tandis que le gouvernement réclamait seulement le droit de la limiter sur le territoire national.

« Aucun des partis ne supposait que la guerre dût atteindre de telles proportions ou une si longue durée. Aucun ne supposait que la cause du conflit cesserait avec ce conflit ou même avant. Chacun s'attendait à un triomphe plus aisé, à un résultat moins fondamental, moins surprenant.

« Des deux côtés nous lisons la même Bible, nous prions le même Dieu, et chacun l'invoque contre son adversaire. *Il peut sembler étrange que des hommes osent invoquer le Dieu juste, en mangeant du pain à la sueur du front d'autres hommes ; mais ne les jugeons pas, pour ne pas être jugés.* Les prières des deux partis ne pouvaient pas être exaucées à la fois. Aucune ne l'a été pleinement. Le Tout-Puissant a ses voies. Malheur au monde à cause des scandales, mais malheur à ceux par qui vient le scandale.

« Si nous pouvons supposer que l'esclavage américain est un de ces scandales permis par Dieu, mais qu'il lui plaît enfin de détruire, et s'il a déchaîné, au nord et au sud à la fois, cette terrible guerre comme le châtiment dû à ceux par qui a été fait ce scandale, pouvons-nous voir dans ceci aucune dérogation à ces attributs que tous ceux qui croient à un Dieu vivant lui reconnaissent ? Nous espérons profondément, nous devons demander avec ferveur, que cette terrible malédiction de la guerre cesse enfin.

« Maintenant, si la volonté de Dieu est que la guerre continue jusqu'à ce que toute la richesse acquise pendant deux cent cinquante ans par le travail des esclaves soit épuisée, et *jusqu'à ce que chaque goutte de sang tirée par le fouet soit payée par une autre goutte de sang tirée par le sabre*, il faut encore redire ce qui a été dit il y a trois mille ans :

« LES JUGEMENTS DU SEIGNEUR SONT JUSTES ET ENTIÈREMENT DROITS. »

Ces dernières paroles n'étaient-elles pas comme une prophétie de son martyre prochain ?

Non, assez de sang n'avait pas encore coulé pour apaiser l'immuable justice. Il fallait le sang d'un juste pour racheter le péché originel de la république, et que « la tombe de l'esclavage fut à jamais indiquée par un crime [1]. »

Le 5 avril Richmond est pris ; le 7, Lincoln entre dans la capitale du gouvernement rebelle aux accla-

---

1. BIGELOW. Discours prononcé à Paris, le 11 mai 1865.

mations de son armée victorieuse, des noirs affranchis et de tous les amis de la liberté ; le 14, il mourait assassiné.

*
* *

Le soir de l'inauguration, encore tout ému du discours que je venais d'entendre, je fus présenté à la Maison-Blanche par M. Lafayette S. Foster, et j'eus l'honneur de serrer la main à l'honnête Abraham Lincoln, que je revis encore deux fois, d'abord à un banquet et à un bal, puis une dernière, la dernière pour le monde comme pour moi, au petit théâtre Ford.

C'était un Vendredi-Saint ; on jouait une pièce très en vogue, ayant pour titre le *Cousin d'Amérique*. Le président et madame Lincoln assistaient à la représentation, accompagnés du major Rathburn et de miss Clara Harris ; on attendait le général Grant ; la salle était comble.

Le rideau venait de se lever sur le troisième acte, lorsqu'un coup de pistolet retentit du côté de la loge présidentielle. Tous les regards s'y portent et nous voyons debout, sur le devant de la loge, un homme de taille moyenne, aux traits fortement accentués. Il agite un poignard et s'écrie, d'une voix tragique : *Sic semper tyrannis*[1] *!* Une seconde après il avait disparu dans les coulisses.

1. *Que tel soit toujours le sort des tyrans !*

Ce fut d'abord une stupeur générale, et, comme il arrive souvent, quelques spectateurs crurent à une scène nouvelle intercalée dans la pièce. Mais les cris poussés par madame Lincoln et par miss Harris nous firent bientôt pressentir la triste vérité. Quel spectacle dans cette loge! Le corps de Lincoln gisait inanimé; son crâne brisé laissait filtrer la cervelle; à ses côtés, l'arme du meurtrier, pistolet à un seul coup. Je renonce à décrire le tumulte épouvantable qui suivit. Tout cela n'avait pas duré une minute et demie; la douleur et la rage mordaient la foule au cœur, et les cris de vengeance se mêlaient aux sanglots, pendant qu'on transportait du théâtre dans une maison voisine, pour lui donner les premiers soins, et de là à la Maison-Blanche, le grand citoyen qui avait, avec tant de sagesse, de fermeté et de patriotisme, conduit à la vraie liberté le peuple américain, mais qui, comme Moïse, ne devait point entrer dans cette nouvelle terre promise rêvée depuis cinquante ans par le parti républicain : *l'Union sans l'Esclavage.*

Le rapport des médecins ne laissa bientôt plus de porte ouverte à l'espérance. A minuit tous les membres du cabinet étaient réunis autour du président inanimé, ainsi que MM. Summer, Colfax, Farnswoorth, Curtis, Oglesby et quelques amis personnels. On espérait au moins que le mourant reprendrait un instant ses sens, pour avoir la consolation de lui dire un suprême adieu. Mais rien. A sept heures vingt minutes du matin, le 15 avril 1865, Abraham Lincoln expirait sans avoir repris connaissance, assassiné par l'acteur John Wilkes Booth, fils d'un acteur anglais fixé depuis longtemps en Amérique, où il s'était acquis une grande réputation que le plus détestable des crimes a rendue odieusement impérissable.

* * *

Telles sont les circonstances dans lesquelles j'ai rencontré et connu Abraham Lincoln. Depuis ce temps, fidèle à sa mémoire, j'ai voulu faire revivre ce martyr, mort si tristement sous mes yeux après avoir accompli la plus grande œuvre du xixe siècle.

Sur sa carrière parlementaire et sa vie politique les documents abondaient : depuis le jour ou il entre à la législature de l'Illinois jusqu'à son avénement à la première magistrature des États-Unis, l'homme et le citoyen se présentent en pleine lumière à l'observation du biographe.

Mais de quels rangs sortait-il ? quels avaient été ses débuts ? que devait-il à son éducation et aux circonstances ? La première partie de son existence reste encore un peu dans l'obscurité; dans les récits des auteurs américains, la légende se mêle trop souvent à l'histoire, et, si je n'avais eu la bonne fortune de puiser à des sources intimes, je n'aurais pas la conscience d'avoir reproduit avec toute la vérité possible la jeunesse de mon héros.

Bien que ce livre ait été spécialement écrit pour les

lecteurs des bibliothèques populaires, les exemples et les enseignements qu'il contient n'en sont pas moins dignes d'être retenus et médités par tous ceux qui songent à l'avenir de notre chère France : on y verra que les grandes vertus privées appliquées à la politique sont des instruments plus efficaces que le génie pour faire triompher en ce monde la justice et la liberté.

Paris, le 7 novembre 1875.

SOURCES

The pioneer boy, and How he became President, by William M. Thayer. — Boston : Walker, Wise, and C^e.

History of the administration of President Lincoln : Including his speeches, letters, adresses, proclamations and messages, with a preliminary Sketch of his life, by Henri J. Raymond. — New-York : J. C. Derby et N. C. Milier.

Abraham Lincoln, par Augustin Cochin (membre de l'Institut). — Paris, librairie Degorce-Cadot. (Bibliothèque libérale.)

The martyr's monument, collection des discours prononcés par Abraham Lincoln entre Springfield et Washington, recueillis par M. Francis Lieber.

La mort de Lincoln, poésie couronnée par l'Académie française au concours de 1867, par M. Édouard Grenier.

The American conflict : a History of the great rebellion in the United States of America, 1860—'65, by Horace Greeley. — Hartford : published by O. D. Case and company.

Histoire de la guerre civile en Amérique, par M. le comte de Paris, aide de camp du général Mac Clellan. — Paris, Michel Lévy, éditeur, 1875.

Le général Sherman.

PREMIÈRE PARTIE

LA JEUNESSE
D'ABRAHAM LINCOLN

Le général Sheridan.

LA JEUNESSE

D'ABRAHAM LINCOLN

I

LES PIONNIERS DE L'OUEST. — HISTOIRE DE LA FAMILLE LINCOLN.

Au commencement du siècle, dans le comté de Hardin, vivait péniblement, loin de tout voisinage, au milieu des immenses solitudes et des forêts encore vierges du Kentucky [1], une humble famille de pion-

---

[1]. Le Kentucky (mot indien qui signifie *en tête de la rivière*) est le second Etat qui fut admis dans l'Union depuis l'adoption de la constitution par les Etats primitifs.

Il faisait partie des possessions concédées à la Virginie; fut fondé en 1764 à Harrodsburg, organisé en territoire par la législature de la Virginie en 1789 et admis comme Etat dans l'Union en 1792, avec une constitution autorisant l'esclavage.

Sa capitale est Francfort. En 1860 il contenait 1,155,684 habitants.

Sa superficie est de 37,680 milles carrés. (Le mille vaut

niers, aussi courageuse que pauvre. Pour habitation, une hutte de bois faite de troncs d'arbre enduits de terre glaise et de mousse, couverte en planches mal jointes, sans fenêtres, avec une porte seulement. Le mobilier était des plus simples : quatre ou cinq escabeaux boiteux, quelques pots, deux marmites, une daubière, un four et une façon de lit comme on en voyait autrefois dans les chaumières de nos campagnes les plus déshéritées.

Le mari s'appelait Thomas Lincoln. Né dans le comté de Rockingham (Virginie), il était resté orphelin à l'âge de douze ans.

C'était un homme illettré, mais une nature d'élite; simple et bon, très-pratique et excellent observateur. Des temps rigoureux et des malheurs sans nombre l'accablèrent partout, et il fit l'impossible, pendant sa jeunesse abandonnée, pour gagner son pain et rester honnête. Sa volonté et sa persévérance l'aidèrent seules à y réussir.

Venu dans le Kentucky en 1777, il avait épousé une femme nommée Mary Hanks. Tous deux appartenaient à la secte des Baptistes.

De leur union étaient issus trois enfants : une fille dont l'histoire ne rapporte rien, un fils mort pres-

---

1609 m.). Borné : au N., par l'Ohio, qui le sépare des États d'Ohio et d'Indiana, et au S., par l'État de Tenessee ; à l'E., par la Virginie, et au S.-O., par le Mississipi. La partie orientale adossée au plateau des Apalaches, est montueuse et traversée par les monts Cumberland. C'est un pays agricole, qui produit des céréales et du tabac, et élève en grand le bétail (bêtes à cornes et à laine, chevaux et porcs).

que au berceau, et notre héros, Abraham Lincoln, né le 12 février 1809, qu'on appelait par abréviation *Abe* tout court, nom qu'il a conservé toute sa vie, même arrivé à la première magistrature du pays.

L'honnête Abe, au delà de l'Atlantique, c'est Abraham Lincoln, président de la république des États-Unis

⁂

Les leçons que reçut Abraham, durant sa première enfance, furent très-élémentaires.

Si Mme Lincoln n'était point une intelligence cultivée, la nature l'avait douée de facultés remarquables. Un bon jugement, un esprit élevé, un cœur affectueux et droit, unis à une grande force de caractère et à une véritable piété, faisaient d'elle une femme exceptionnelle.

« Tout ce que je suis, tout ce que je voudrais être, a dit Lincoln lui-même, je le dois à ma mère; sa mémoire soit bénie ! »

Le père ne savait ni lire ni écrire, et il avait bien trop de peine à gagner le pain de chaque jour, pour s'occuper beaucoup de l'éducation de ses enfants. Toutefois, lui aussi, il les instruisait à sa manière, en leur racontant l'histoire de ces hardis pionniers du grand Ouest, qui ouvrirent aux Américains la route du Pacifique à travers le continent.

Longue et rude expérience ! Il ne fallait pas seulement, par un incessant labeur, arracher à une nature sauvage les choses les plus nécessaires à l'existence; on avait à lutter contre les épidémies meurtrières qui accompagnent d'ordinaire les premiers défrichements, contre les bêtes féroces, contre les bandits et surtout contre les Indiens, invisibles ennemis, toujours présents à la porte du logis, quand s'absentait le chef de famille pour aller travailler dans les bois. La cabane restait alors sous la garde des femmes, dont le sang-froid, la présence d'esprit et quelquefois l'héroïsme étaient du reste extraordinaires.

En voici deux exemples, demeurés légendaires dans la contrée :

Peu de temps après que le grand-père d'Abraham se fut établi dans le Kentucky, un Peau-Rouge, armé d'un fusil et d'un tomahawk, entre dans la cabane d'un M. Daviess, afin de piller et d'emmener la famille prisonnière. Madame Daviess, seule avec ses enfants, ne perd pas contenance. Devinant les desseins de l'Indien, elle l'invite à boire et place devant lui sur la table une bouteille de whisky. Celui-ci, pour remplir son verre, pose à terre son fusil; la femme saisit l'arme, couche en joue le misérable et le menace, s'il bouge, de lui faire sauter la cervelle. Le Peau-Rouge laissa échapper la bouteille, s'assit sur un escabeau et promit de se tenir coi. Madame Daviess le garda dans cette posture jusqu'au retour de son mari.

Dans une autre circonstance, à peu près vers le même temps, la maison d'un M. Merrill est attaquée nuitamment par quelques Indiens, et le malheureux pionnier sérieusement blessé au moment où il se présentait sur le seuil. Les sauvages croyaient pénétrer facilement dans l'intérieur; mais madame Merrill avait brusquement fermé et barricadé la porte. Ils y pratiquent alors une ouverture avec la hache. La courageuse femme, blottie dans une encoignure, attendait, une pioche à la main, entourée de ses enfants qui poussaient des cris déchirants; son mari gisait à ses pieds, tout sanglant, mais sans avoir encore perdu entièrement connaissance.

Un Peau-Rouge s'introduit à moitié dans la chambre; elle lui assène un coup mortel, tire à elle le cadavre, le repousse dans un coin et attend. Croyant l'entrée forcée, un second agresseur se présente triomphant et subit le même sort; puis un troisième, un quatrième : alors les assaillants reconnaissent leur fatale erreur, et deux d'entre eux, ivres de rage, essayent de descendre par la cheminée. Madame Merrill ne veut pas quitter son poste, dans la crainte d'une surprise; elle ordonne à ses enfants de vider dans le foyer le contenu d'une paillasse. Quelques minutes après, la flamme et la fumée précipitaient dans la chambre les deux Indiens à demi suffoqués, et M. Merrill, se relevant dans un effort désespéré, les assommait à coups de pioche. Le reste de la bande prit la fuite.

L'histoire des épreuves qu'avait traversées la famille Lincoln n'était pas moins émouvante, et quand Thomas arrivait à la mort de son père assassiné par les Peaux-Rouges, il continuait généralement par ces récits [1] :

« Votre grand-père était né dans le comté de Rockingham (Virginie), qu'il quitta pour suivre la fortune de Daniel Boone, quand ce hardi chasseur de la Caroline du nord vint avec quelques compagnons explorer les solitudes de ce qui porte aujourd'hui le nom de Kentucky. Ces hommes d'aventures menaient, au milieu de nos forêts luxuriantes, la vie du chasseur et du trappeur, demandant à leurs carabines la subsistance de chaque jour, passant la nuit dans les plantations de cannes, tour à tour poursuivant les Indiens ou poursuivis par eux, prisonniers aujourd'hui, libres demain, obligés à une infatigable vigilance pour se défendre contre les hostilités des naturels qui opposaient une résistance désespérée à toute entreprise sur leurs domaines.

« Poutiac, le grand chef, avait succombé dans la lutte, mais la Petite-Tortue, le fameux chef Miami, était toujours présent dès qu'il y avait quelque coup à porter à la race détestée des Visages-Pâles. C'était un orateur passionné, un guerrier intrépide, au visage hautain, aux manières nobles, et déployant dans sa toilette le luxe le plus insensé : il portait aux oreilles et au nez au moins vingt onces d'ornements d'argent.

« Il se présente un jour, — en août 1782, — à la tête d'une bande de sauvages, devant la station de

1. William Thayer.

Bryan, à cinq milles de Lexington : votre grand-père s'y trouvait alors avec quelques compagnons armés, retranchés derrière de fortes palissades. Le chef indien, dissimulant ses forces, lance en avant quelques-uns de ses éclaireurs, dans l'espoir de faire sortir les colons : mais ces vétérans du désert étaient trop familiarisés avec les ruses indiennes pour tomber dans le piège ; ils se doutèrent qu'un ennemi nombreux devait se tenir en embuscade aux environs du fort. Malheureusement, dans cette situation critique, l'eau vint à manquer : il fallait à tout prix s'en procurer. La source était à peu de distance, près d'un bouquet d'arbres et d'un fourré où l'on supposait que les sauvages s'étaient cachés ; y envoyer des hommes, c'était les condamner à tomber immanquablement sous les balles, et la place n'aurait pas tardé à être prise d'assaut. On pensa que, les femmes allant à la source, les Indiens s'abstiendraient de faire feu, réservant leurs munitions pour un combat plus noble et plus utile. Les femmes acceptèrent sans hésiter, inconscientes de leur héroïsme, la tache périlleuse qui leur était confiée ; elles se rendirent à la source d'un air indifférent, comme si elles n'eussent soupçonné aucun danger, remplirent leurs vases et retournèrent au fort, sous la portée de cinq cents carabines braquées sur elles : pas une arme ne partit.

« Les rusés pionniers ne s'étaient pas mépris sur l'esprit indien. Le lendemain sommation leur était faite de se rendre, au nom de la Petite-Tortue, dont la bande entière se déployait au loin dans la plaine :

une fusillade bien nourrie fut toute la réponse de nos braves, et les Indiens renoncèrent à leur attaque.

« Peu de temps auparavant, trois petites filles, appartenant au fort de Boonshore, traversaient en canot la rivière du Kentucky. Au moment de toucher l'autre bord, quelques Indiens se précipitent des buissons dans la rivière, tirent le canot à terre, s'emparent des jeunes filles et les emmènent. Les pauvres enfants eurent grand'peur, et leurs cris retentirent vers le fort, qui entendit leur détresse. On accourut; mais, pendant qu'on se dirigeait vers le canot, les Indiens s'étaient enfuis avec les trois enfants. C'était aux approches de la nuit, il ne fallait pas songer à les suivre; le lendemain seulement les gens du fort partirent en campagne pour les délivrer.

« Ils s'étaient mis de bonne heure en quête des prisonnières, et ne les rencontrèrent qu'après une course de 40 milles. On dut camper toute la nuit. A l'aube, craignant que les Indiens ne tuassent les jeunes filles dès qu'ils se verraient découverts, les colons firent feu les premiers, en prenant bien soin de ne pas toucher les enfants. L'attaque fut si soudaine que les Peaux-Rouges se sauvèrent, abandonnant leurs captives et leurs armes.

« Voilà comment on vivait au temps où votre grand-père entreprit la périlleuse besogne d'éclaircir le pays boisé pour y établir une ferme, n'ayant pour compagnons dans la forêt que sa hache et son fusil. Quatre ans s'étaient déjà passés, lorsqu'un soir il ne revint pas à la cabane. On se mit à sa recherche, et on ne retrouva que son cadavre scalpé par les Indiens, au pied d'un arbre qu'il était en train d'abattre. Il avait dû être surpris, car sa hache avait disparu et son fusil chargé gisait dans l'herbe à quelques pas de lui. »

Quand il avait fini ce récit, Thomas Lincoln traçait le tableau de la triste situation dans laquelle la mort du chef avait laissé toute la famille.

« C'était notre protecteur, disait-il ; lui mort, où trouver du pain ? Que devenir en ce désert ?

« Votre aïeule travailla dur pour me nourrir, et mes frères et sœurs, mes aînés, s'en allèrent au loin afin de gagner leur vie où ils purent. Deux ou trois ans après, la pauvre femme étant accablée de misère, il me fallut partir aussi, et je vécus sans logis jusqu'à mon mariage. Alors je vins ici.

« Si tu m'avais perdu, Abe, tu aurais été forcé de quitter ta mère et d'errer au loin parmi les étrangers pour chercher ta vie. »

Ces récits remplaçaient dans la cabane les contes de Perrault et bercèrent la première enfance d'Abraham, le futur capitaine des volontaires de Salem, dans la guerre de l'Illinois contre le Faucon noir, le chef d'État auquel, en 1865, les représentants des dernières tribus indiennes expirantes viendront, à la Maison-Blanche, demander secours et protection.

II

LE PREMIER MAITRE D'ÉCOLE. — ÉDUCATION RELIGIEUSE. — LES PASTEURS AMBULANTS.

La situation de la famille d'Abraham, moins misérable que celle de son grand-père, était loin d'être brillante. Thomas ne gagnait le pain qu'à la sueur de son front ; mais il était décidé à tous les sacrifices pour donner à son fils les bienfaits d'une instruction dont il sentait d'autant mieux le prix qu'il en avait été lui-même privé.

Il n'y avait malheureusement dans le pays que des gens à peu près illétrés. Cependant un nommé Hazel, qui pouvait médiocrement lire, et ne savait guère au delà, recevait chez lui quelques enfants du voisinage auxquels, moyennant une faible rétribution, il enseignait sa modeste science.

Les parents d'Abraham, désireux qu'il apprît au moins à lire et à écrire, économisèrent assez sur leur pauvreté pour l'envoyer quelques semaines à cette humble école.

Quant aux livres, ils étaient rares et coûteux.

Toute la bibliothèque de la famille consistait en une Bible, un Catéchisme et un Syllabaire de Dilworth.

On prête aux parents d'Abraham une charmante conversation à propos de son entrée chez le professeur Hazel :

« Hazel ne peut pas grand'chose pour notre fils, dit Thomas, car lui-même n'en sait pas long.

— Toujours assez pour lui apprendre à lire, répond la femme.

— Oui, ajoute le mari, mais à une condition : c'est que cela ne durera pas plus de quelques semaines, car je n'ai guère le moyen de payer longtemps.

— Abe est laborieux et intelligent; quelques leçons pour commencer suffiront, et je garantis, répliqua la mère, qu'il continuera seul; nous apprendrons ensemble.

— Mais après, qui lui enseignera à écrire? C'est aussi nécessaire pour lui que de savoir lire. Je connais par expérience, dit Thomas, ce qu'il en coûte d'être ignorant.

— La Providence nous viendra en aide; ayons foi en Dieu, mon ami.

— Je ne dispute pas là-dessus, répliqua le bonhomme; mais jamais la foi n'apprendra à notre pauvre Abe à écrire.

— Je n'en suis pas sûre, reprit madame Lincoln. La foi peut nous ouvrir un chemin; elle a tiré Daniel de la griffe des lions; elle peut enlever notre fils à celles de l'ignorance. »

Thomas sourit, ne répondit rien pour ne pas heurter les sentiments naïfs et pieux de sa compagne, et attendit que la Providence envoyât à son fils un professeur d'écriture. Ce qui, du reste, arriva.

Sous la pauvre cabane, Abraham reçut une forte éducation chrétienne, dont l'empreinte se retrouvera dans tous les actes principaux de sa vie politique.

Un pasteur éloquent de Brooklin, frère de l'auteur de l'*Oncle Tom*, le révérend Beecher Stove, avait, pendant la guerre civile, fait de sa chaire une véritable tribune, et chacune de ses prédications enfantait des défenseurs nouveaux à la cause de l'Union et de l'Emancipation. Autant se montrait de fougue et de passion chez l'orateur sacré, autant on trouvait de foi et de résignation chrétiennes dans les paroles du président Lincoln. Les rôles semblaient intervertis, et j'ai mainte fois entendu dire en ce temps-là :

« Les sermons de Beecher sont des messages, et les messages de Lincoln des prières. »

Les sentiments profondément religieux qui forment un des traits distinctifs de son caractère, Lincoln les devait non-seulement à sa mère, mais aussi à l'influence d'un des prédicateurs ambulants qui visitaient quelquefois la contrée, le pasteur Elkins.

Ces humbles missionnaires n'étaient pas des hommes de grande science. Ceux qui avaient fréquenté le collége, on les comptait ; le plus grand nombre n'avait pas même hanté l'école.

Tous croyaient à une vocation de Dieu et déployaient, dans l'exercice de leur apostolat, une ardeur infatigable et un désintéressement sans bornes.

Ils voyageaient sur de mauvais chevaux, semant chaque jour de place en place la parole de l'Évangile, couchant à la belle étoile, si la nuit les surprenait en route loin de toute habitation.

Deux anecdotes empruntées à Milbrun donneront une idée exacte de la vie des pasteurs de l'Ouest au commencement de notre siècle.

Un de ces prédicateurs, qui traversa tout le nord-ouest du territoire, homme long, mince et chétif, avec une physionomie séduisante et un regard plein de douceur, fort aimé de toutes ses ouailles, reçut en présent d'un riche propriétaire un titre de trois cent vingt acres. Le prédicateur était extrêmement pauvre, et il avait été longtemps avant de gagner à peine de quoi *conserver et son âme et son corps* [1]. Il parut heureux de ce riche cadeau, et partit le cœur pénétré de reconnaissance. Mais au bout de trois mois il avait changé d'avis, et, rencontrant un jour son bienfaiteur :

« Voici, Monsieur, lui dit-il, votre titre que je vous remets.

— Pourquoi? dit son ami surpris; n'est-il pas en règle?

— Ce n'est pas cela.

— Ne serait-ce pas une bonne terre?

— Elle est plus fertile qu'aucune autre.

— Croyez-vous que je regrette mon cadeau?

— Je n'ai pas la moindre raison de douter de votre générosité.

---

[1]. Expression que l'on retrouve souvent chez les écrivains baptistes et puritains.

— Alors, pourquoi ne pas la garder ?

— Eh bien ! Monsieur, dit le prédicateur, vous savez que je suis très-amateur de musique, et mon livre de chant contient un hymne qui est un des plus grands soutiens de ma vie. Je n'ai pas été capable de le chanter de tout mon cœur depuis que je suis propriétaire. Et il se mit à chanter :

« Je ne possède pas un pied de terre, ni chaumière
« dans le désert : pauvre homme errant, je loge en
« passant sous les tentes du ciel, et je vais et je viens
« joyeux, jusqu'à ce que je puisse atteindre mon
« Chanaan. Là est ma maison et mon véritable patri-
« moine ; là est mon trésor, là mon cœur, comme
« aussi mon séjour éternel. »

— Reprenez votre titre, ajouta-t-il ; je préfère mon hymne. »

Il y avait un autre prédicateur de la classe des pionniers, passionné pour sa mission, que ni faim ni dénûment ne pouvaient rebuter. Il était plus instruit que la plupart des prédicateurs des alentours.

Longtemps il eut pour lit le flanc nu et glacé d'une montagne, ses oreilles étaient assourdies par les hurlements des loups. D'autres fois il était assez heureux pour rencontrer une roche creuse, où il se blottissait, trouvant là un bon abri contre la pluie ou la gelée.

Un jour, qu'il était assis pour dîner à la table d'un trappeur, l'assistance fut effrayée par de terribles cris poussés vers la porte de la cour. On se lève et l'on voit un grand chat sauvage s'élancer sur le plus jeune des enfants. Saisissant un fusil accroché au-dessus de la porte, le prédicateur l'épaule et fait feu. Le coup avait porté juste, mais il était trop tard : l'enfant n'existait plus.

Cette même année, le missionnaire eut, corps à corps avec un ours, une lutte dont il sortit vainqueur, après avoir plongé son couteau dans les poumons de l'animal, juste assez à temps pour ne pas être étouffé dans une mortelle étreinte.

Durant douze mois, au milieu de tels accidents, il traversait à pied et à cheval *quatre cents milles, prêchait quatre cents fois*, et trouvait au bout de l'an, en comptant ses recettes, — chaussettes de fil, habits de laine, chemises de coton et menue monnaie d'argent, — que son salaire s'élevait à la valeur de *12 dollars et 10 cents* (60 francs 50 cent.).

Il persévéra quand même, gagnant en savoir et en influence, devint docteur en théologie et fut fait président d'une université. Il est connu dans l'histoire sous le nom de Henry Bidleman Bascom [1].

---

1. Dans le roman des Pionniers de Cooper, Louise Grant raconte ainsi la vie de son père à ses débuts comme ministre méthodiste :

« Mon père a passé bien des années, comme missionnaire, dans les nouveaux établissements du pays; ses ouailles étaient pauvres ; plus d'une fois nous avons manqué de pain ; nous n'avions pas le moyen d'en acheter et nous n'osions pas en demander, de peur de déshonorer ses saintes fonctions. Combien de fois l'ai-je vu s'éloigner de sa famille souffrante, en proie à la faim et à la maladie, et qui perdait son unique consolation en le voyant partir ! Où allait-il ? remplir des devoirs que les malheurs domestiques ne pouvaient le déterminer à négliger. Oh ! combien il doit être difficile de cher-

Le pasteur Elkins était un missionnaire aussi dévoué que les précédents ; il aimait beaucoup les Lincoln et venait visiter la famille aussi souvent que ses devoirs le lui permettaient. Son attention avait été particulièrement attirée par le jeune Abraham auquel il avait prédit qu'il serait un jour, — non pas président de la République, — mais un excellent pionnier. C'était le plus bel éloge qu'on pût faire de lui dans la contrée.

III

DÉPART POUR L'INDIANIA. — ABRAHAM COMMENCE SA VIE DE PIONNIER. — LA CABANE ET LE MOULIN.

Vers la fin de 1815 l'entreprise de Thomas Lincoln avait relativement prospéré. Autour de sa cabane quelques acres défrichés, labourés et ensemencés par ses mains donnaient chaque année des récoltes satisfaisantes. L'union et la paix régnaient sous son modeste toit ; il avait la meilleure des femmes, ingénieuse

cher à consoler les autres quand on a le cœur abreuvé de l'amertume de tous les chagrins. » (*Traduction de Defaucompret.*)

ménagère, épouse dévouée, mère vigilante ; son fils Abraham grandissait chaque jour en sagesse et en science, affectueux et obéissant, déjà très-fort en lecture : et pourtant le pionnier n'était pas satisfait de sa condition. Il voulait abandonner cette ferme si péniblement édifiée, émigrer dans une autre contrée. Non qu'il fût difficile à contenter ou que le goût du changement et de la spéculation, si commun chez les Américains, se fût emparé de son esprit : il avait une autre raison. Le Kentucky était un pays à esclaves, où le travailleur libre vivait non-seulement sans grand profit, mais aussi sans considération ; voilà pourquoi Thomas Lincoln résolut d'aller s'établir dans l'État voisin [1], où l'esclavage était inconnu.

En effet, dans les travaux qui ne demandent que de la force et peu d'intelligence, pour les cultures du riz, du coton, du tabac, pratiquées dans les grandes plantations et pour lesquelles la bête de somme rendrait

---

1. L'Indiana a été fondé à Vincennes par des Français venus du Canada, vers l'an 1730. Organisé en territoire le 7 mai 1800, on en a distrait depuis le Michigan en 1805 et l'Illinois en 1809.
Une constitution fut adoptée le 29 juin 1816, et l'État admis dans l'union le 11 décembre de la même année.
L'état d'Indiana est situé entre les états d'Illinois, à l'ouest, et d'Ohio, à l'est. Il touche au nord-ouest au lac Michigan et est séparé au sud par l'Ohio de l'état du Kentucky.
L'Ohio, la rivière Blanche (White river), affluent du Wabash, et le Wabash sont les principaux cours d'eau qui arrosent ce pays plat, couvert de bois et de prairies et entièrement agricole.
La capitale est Indianapolis, la population était de 1,350,488 habitants en 1860.
Superficie : 33809 milles carrés.

autant de services que l'homme, le nègre coûtant moins cher que le blanc, que pouvaient faire les gens pauvres n'ayant que leurs bras et leur courage pour subvenir à leur besoins? On les accueillait mal chez les propriétaires et le peu qu'on en occupait çà et là et par intervalles vivaient dans une si profonde misère que les nègres eux-mêmes, bien soignés, bien vêtus, bien nourris et faisant peu de besogne, n'avaient que de la pitié et même du mépris pour ces pauvres hères, ces pauvres diables de blancs (*poor white trash*), comme ils les appelaient.

Ceux qui faisaient fortune ne devaient leur prospérité qu'à des moyens peu avouables. Ils montaient une échoppe près de la case des nègres, avec un assortiment de petits articles de ménage, de toiles peintes, de fichus voyants dont la vente n'était qu'un prétexte couvrant une autre industrie. En réalité, ils recélaient les objets que les esclaves volaient à leurs maîtres et donnaient en échange du tabac et du whisky.

Ajoutez à ce personnel les vagabonds et les mendiants, et vous aurez une idée de ce que pouvait être la grande masse de la population blanche dans un État à esclaves, population dégradée par le vice et la misère, objet de mépris pour les esclaves et de haine pour les maîtres.

Thomas Lincoln était d'une nature trop supérieure pour se complaire toujours en un pareil milieu; aussi, malgré les hésitations de Mme Lincoln et les avis contraires de leur ami le pasteur Elkins, il annonça partout son intention de quitter le pays et mit sa ferme en vente. Il ne s'agissait plus que de trouver un acquéreur et surtout un acquéreur solvable, ce qui n'était pas chose facile en ce temps-là.

Au mois de juillet 1816, un sieur Colby se présenta pour acheter la ferme, et les deux parties tombèrent d'accord sur le prix, qui fut fixé à trois cents dollars. Trois cents dollars! après des années de labeur et de privations, voilà ce que représentait la propriété de Thomas Lincoln ; la maison et les terres, tout ce qu'il possédait en un mot : pour quinze cents francs! Si encore Colby avait payé en espèces! mais l'argent était rare ; le tabac, le sucre, le coton, servaient de monnaie; Colby n'avait, lui, récolté que du maïs, dont il avait fait du whisky, et il ne put offrir en espèces que 20 dollars et le reste du prix en cette marchandise funeste d'un placement facile d'ailleurs, dans un pays où déjà l'ivrognerie commençait à sévir. C'était à prendre ou à laisser. Thomas craignit de ne pas retrouver l'occasion de vendre une propriété qui le forçait à vivre sous un régime odieux, et il accepta l'offre.

« Colby est un brave homme, disait Lincoln à sa femme, une fois le marché conclu, et je m'étonne de le trouver si satisfait de venir s'établir dans le Kentucky ; on voit bien que l'esclavage ne le trouble pas. »

Madame Lincoln n'avait consenti qu'à contre-cœur; elle le fit comprendre à son mari.

« Il est bien heureux, mon ami, répondit-elle, que tout le monde n'ait pas vos scrupules, car le Kentucky deviendrait bientôt un désert. Enfin que la volonté de Dieu et la vôtre soient faites! »

**

Les préparatifs du déménagement ne furent pas longs. Le père, aidé d'Abraham, construisit en quelques jours un de ces bateaux plats que nous appelons *chalands*, sur lequel il chargea le whisky, quelques meubles et ses instruments aratoires. Puis, ayant embrassé sa femme et ses enfants, le pionnier descendit seul l'Ohio, à la recherche d'un nouvel emplacement sur lequel il pourrait planter sa tente.

Comme la laitière de la fable, le brave homme comptait déjà ce qui lui rapporterait en écus la vente de son whisky, et comment il en emploierait le prix en semences, en bétail, en outils. Mais à moitié chemin le bateau chavire, et la cargaison tombe au fond de l'eau. Heureusement quelques bûcherons travaillaient sur la rive, qui lui vinrent en aide. Ils repêchèrent trois des barils contenant la moitié du whisky, une partie des outils et du mobilier, remirent à flot le frêle esquif, et le courageux Lincoln continua à descendre la rivière jusqu'à Tompson Ferry, sur la rive droite. Il était dans l'Indiana, sur la terre libre qu'il avait désirée. Il s'agissait maintenant de pénétrer à travers les terres.

Un nommé Posey, qui possédait une paire de bœufs, moyennant l'abandon que Lincoln lui fit de son bateau, s'engagea à le conduire, lui et ce qui restait de la cargaison, à 18 milles dans l'intérieur du comté de Spencer. Voilà nos hommes en route ; mais que de peines pour avancer ! Il fallait le plus souvent se frayer un chemin avec la hache, et plusieurs jours furent dépensés à ce pénible travail.

Thomas Lincoln a raconté plus tard que jamais en sa vie, pourtant si difficile, il n'avait traversé d'aussi rudes épreuves.

A cinq ou six milles de l'endroit vers lequel il se dirigeait en quelque sorte d'instinct et sur les données très-vagues qu'il avait pu recueillir des bûcherons qui l'avaient sauvé, il arriva avec son guide devant l'habitation d'un fermier qui leur offrit un cordiale hospitalité et tous les rafraîchissements que contenait son humble logis. Cet homme connaissait admirablement le pays. Il indiqua à Thomas Lincoln un lieu qui devait être très-favorable pour un nouvel établissement et offrit même de l'y accompagner. C'était une joie pour les colons de ce temps-là de voir arriver dans leurs alentours de nouveaux hôtes pour agrandir leurs relations et donner un peu de mouvement à leur vie solitaire de pionniers. Ils étaient toujours disposés à prêter assistance aux derniers venus et même à partager avec eux les minimes ressources que leur avait procurées un travail opiniâtre.

M. Lincoln, satisfait d'avoir atteint le but de son voyage, fut encore plus enchanté de l'emplacement que M. Wood (c'est le nom de son hôte) venait de lui recommander et dont la commodité dépassait toutes ses espérances. Il n'apprit pas non plus sans une grande satisfaction qu'il aurait quelques autres voisins, une famille Neele vers l'est à environ deux milles et deux autres à six ou huit milles au nord. M. Wood se chargea de lui garder son petit mobilier, et, pendant que Posey retournait à Tompson Ferry avec son attelage, Lincoln regagna à pied son domicile par un chemin plus direct, au sud-est, qu'il voulait étudier pour ramener sa famille avec moins de difficultés.

Je vous laisse à penser quelle fête au logis quand il fut de retour, les mille questions auxquelles il fallut répondre : le récit du naufrage, le voyage à travers les bois, l'hospitalité de M. Wood, et les espérances que donnait la contrée choisie. On se mit tout de suite en route. Il ne restait dans la cabane que des couvertures et quelques vêtements, et sous un hangar trois chevaux. Sur l'un on plaça les couvertures, qui servirent de selle à Mme Lincoln et à sa fille; Abraham, gardien de la garde-robe, monta le second; le père suivait avec le troisième, tantôt chevauchant, tantôt allant à pied.

Le voyage dura sept jours et ne fut pas sans fatigues ; mais, pas plus qu'au chef de la famille, le courage et la force ne manquaient à la mère ni aux enfants, et ils arrivèrent sans encombre chez leur plus proche voisin, M. Neele, qui leur offrit momentanément l'hospitalité.

« Prends ta hache, mon fils, dit un matin Thomas Lincoln ; nous allons bâtir notre cabane. »

Au bout de deux jours l'habitation n'était pas tout à fait terminée, mais elle pouvait déjà abriter la famille.

Après le gîte, il fallait songer à la table. On avait bien du blé, principal élément de l'alimentation, mais le moulin le plus voisin était à près de vingt milles. Ils en improvisèrent un très-primitif : un grand trou creusé dans un tronc d'arbre avec un fer rouge et un pilon grossièrement taillé. Ce moulin servit néanmoins plusieurs années à la famille. Un four et une daubière constituaient, dans la cabane, toute la batterie de cuisine. Leurs autres ustensiles étaient restés au fond de l'Ohio.

Une des principales ressources était la chasse. Le gibier abondait dans la contrée ; le tir au dindon surtout était un des rares divertissements familiers aux nouveaux planteurs. Après avoir employé la cognée pour se loger et se chauffer, les gens prenaient le fusil afin de chercher de quoi se nourrir et se vêtir.

On mit de bonne heure un fusil entre les mains d'Abraham, qui devint rapidement un excellent tireur. Ce fut sa première et peut-être sa seule récréation.

Tout cela ne lui faisait point oublier l'étude.

Durant les longues soirées de ce premier hiver de l'Indiana, on voit Abraham continuer à se perfectionner dans la lecture, travaillant à la lueur du foyer, car les pionniers de ce temps-là n'avaient pas le moyen de brûler de l'huile!

IV

MORT DE MADAME LINCOLN. — ABRAHAM CONTINUE SES ÉTUDES.

Abraham avait douze ans quand il perdit sa mère. La mort de Mme Lincoln était la première qui fût survenue parmi les colons, et elle devint comme la date d'une ère nouvelle dans l'histoire de ce petit groupe de pionniers.

On prépara les funérailles aussi bien que les circonstances le permettaient. Comme on manquait d'église, de ministre, de sacristain, de sonneur et de cimetière, il n'y avait pas grand'chose à faire.

M. Lincoln avait choisi pour la sépulture un tertre isolé dans les bois, à un quart de mille de sa demeure; un voisin y creusa la fosse, et construisit pour servir de cercueil un coffre assez grossier.

Le jour et l'heure des funérailles fixés, tous les habitants, à dix ou douze milles à la ronde, en furent avertis. Un ami pieux devait lire les Écritures, un autre réciter les prières.

Qui à cheval, qui en charriot, le plus grand nombre à pied, tous les pionniers s'assemblèrent à l'habitation pour payer un juste, et dernier tribut de regets à la mémoire de celle qu'ils avaient aimée.

Ce fut un moment solennel : des obsèques en de pareilles circonstances, aux confins de la civilisation, doublent toujours de majesté. La pauvreté et la situation pénible de la vie de pionnier suffisaient à les empreindre du plus douloureux intérêt, auquel s'ajoutaient encore le souvenir des vertus de la défunte tant appréciées de touts ses amis, et la désolation de la famille. Surtout chacun était ému à la vue d'Abraham, pauvre jeune cœur brisé par la perte de cette mère qu'il chérissait d'une affection sans bornes.

Cette tombe, sur la hauteur des bois, autel de la piété filiale, fut longtemps le refuge de l'orphelin, quand il ne pouvait plus rester dans son logis, vide de celle qui le charmait autrefois.

La cabane était devenue, selon la touchante expression du poète américain [1], *comme un nid d'où la mère s'est envolée et sur lequel il est tombé de la neige.*

En effet, la mort de madame Lincoln avait apporté une grand changement dans cette famille dont elle était l'âme, et personne ne l'éprouva plus vivement qu'Abraham. Durant quelques semaines son esprit fut absorbé dans son deuil. Ses études coutumières du soir ne pouvaient chasser le grand chagrin de ses pensées. Son père, qui s'en aperçut, désira lui ap-

1. Longfellow.

porter quelque soulagement. Il eut le bonheur de mettre la main sur un exemplaire du *Voyage du Pèlerin*[1], chez un de ses amis, qui demeurait à près de vingt milles de distance; pensant que ce livre pouvait être une précieuse distraction pour Abraham et servir à occuper ses heures de solitude, il l'emprunta et l'apporta à la maison.

« Abraham, dit un de ses biographes, s'assit pour lire le volume avec plus d'empressement que bien d'autres enfants n'eussent fait devant un bon dîner. »

C'était le premier livre qu'il voyait, après le Sylla-

---

[1]. Après la Bible, le livre le plus répandu en Angleterre et aux États-Unis est le *Voyage du pèlerin*, par le chaudronnier Bunyan, né en 1628, dans le village d'Elstow, à un mille de Bedfort, mort en 1688.

C'est un manuel de dévotion à l'usage des simples, en même temps qu'une épopée allégorique de la grâce. On entend un homme du peuple qui parle au peuple, et qui veut rendre sensible la terrible doctrine de la damnation et du salut. Selon Bunyan, nous sommes « les fils de la colère, » condamnés de naissance, criminels par nature, prédestinés justement à la destruction. Contre ce pécheur qui se repent, il nous montre les démons qui s'assemblent, obscurcissent sa vue, l'assiègent de fantômes, hurlent à côté de lui pour l'entraîner dans leurs précipices. La noire vallée où le pèlerin se plonge égale à peine par l'horreur de ses symboles l'angoisse des terreurs dont il est assailli.

Contre ses angoisses, ni ses prières, ni sa justice, ni toute la justice et toutes les prières de toutes les autres créatures ne pourront le défendre. Seule la grâce justifie. Il faut que Dieu lui impute la pureté du Christ et le sauve par un choix gratuit. (HENRY TAINE, *Hist. de la Litt. anglaise*).

L'esprit du jeune Lincoln était déjà préparé par la lecture de la Bible, les enseignements de sa mère et les discours du pasteur Elkins. Le livre de Bunyan produisit sur son cerveau une impression ineffaçable, et dans les discours qu'il prononça aux occasions solennelles on retrouve le ton, les pensées, la forme de l'auteur de la *Vie du pèlerin*.

baire, le Catéchisme et la Bible. Il le dévora, pour ainsi dire, et, au moment où il en avait déjà relu la moitié, il reçut en cadeau un autre volume qui l'intéressa aussi profondément, les *Fables d'Ésope*, que lui offrit madame Bruner pour le distraire et le consoler.

Ésope devint le favori d'Abraham ; ses fables ne le quittaient plus et bientôt il les sut par cœur.

Pendant qu'il vivait avec ces deux livres, survint dans la contrée un nouveau voisin, Denis Hanks, jeune homme d'environ vingt ans, qui savait un peu écrire.

On lui demanda d'ouvrir école, ce qu'il promit.

Le temps arriva donc pour Abraham de prendre ses premières leçons d'écriture, et il se mit à l'œuvre avec une ardeur enthousiaste. Lisant bien, il voulait, dès lors, écrire de même. Il ne doutait pas de l'accomplissement de ce dessein, et il avait la confiance que, s'il pouvait apprendre à former des lettres, il ferait des progrès rapides.

Hanks s'intéressa à l'entreprise presque autant qu'Abraham lui-même. Il était heureux de prêter aide à un élève qui montrait un désir et un goût si vifs pour s'instruire. Hanks, il est vrai, était un médiocre écrivain, mais il savait former les lettres et pouvait donner à un autre beaucoup de renseignements et de conseils.

Les deux nouveaux livres d'Abraham et ses leçons d'écriture l'absorbèrent à ce point qu'il négligea ses travaux manuels quotidiens. Son père observait avec quelle ferveur il se plongeait dans ces études et l'encourageait fort; mais il s'aperçut un jour que le garçon donnait trop à l'esprit, qu'il oubliait le pain de chaque jour.

« Viens, Abe ! Il ne faut pas négliger ton ouvrage, lui dit-il.

Si nous ne nous occupons pas suffisamment d'arracher ces mauvaises herbes, nous serons en retard pour les semailles.

— Laissez-moi terminer mon chapitre, répondit l'enfant.

— Je vois que tu ne fais rien, et je crains que tu ne deviennes paresseux. Toujours étudier et ne jamais travailler est pire que beaucoup de travail sans étude.

— Une minute, et j'y vais. »

Pauvre Abraham ! il n'avait point l'habitude de parler ainsi, et c'était quelque peu nouveau pour son père. D'ordinaire, il était prompt à obéir, même à quitter ses jeux; mais l'absorbant intérêt de ses livres et de ses écritures fut la cause de cette hésitation.

« Que ce soit une minute courte ! répondit Thomas presque irrité. Nous devrions maintenant doubler notre tâche de chaque journée.

— Oui, dans une minute.

— Maintenant ! maintenant, dis-je ! » exclama le père avec un ton d'autorité.

Abraham ferma son livre à contre-cœur et obéit. Ce ne fut pas avec un visage aimable qu'il se rendit aux champs, et cependant il travailla avec ardeur.

« Les braves garçons, dit le bonhomme, obéissent

toujours à leurs parents, qui n'ont pas besoin de les mener comme on pousse du bétail.

— J'avais seulement besoin de lire une minute de plus, répondit Abraham.

— Et moi, j'avais besoin de toi, et je sais ce qui te vaut le mieux. Que tu lises et que tu écrives, bien ! Mais je veux que tu travailles, quand la besogne l'exige. »

V

OÙ LINCOLN RENCONTRE UN PROFESSEUR DE MATHÉMATIQUES ET DE NOUVEAUX LIVRES POUR SA BIBLIOTHÈQUE. — VOYAGE A LA NOUVELLE-ORLÉANS.

A quelque temps de là, Thomas Lincoln vint à se remarier. Il épousa en secondes noces une demoiselle Sally Johnston, d'Elisabethtown (Kentucky). Abraham accueillit très-cordialement sa belle-mère; il lui sembla qu'elle comblerait le vide laissé par la sainte femme qu'il avait tant pleurée, et son attente ne fut point déçue.

Nous avons vu comment le petit pionnier avait appris à lire et à écrire. Pour compléter cette instruction, la Providence envoie dans le voisinage un savant comme on n'en avait pas encore vu, M. Andrew

Crawford, qui pouvait enseigner non-seulement la lecture et l'écriture, mais encore l'*arithmétique jusqu'à la règle de trois*. Ses capacités une fois connues, M. Lincoln pressa ce troisième savant d'ouvrir une école, et promit d'y envoyer son fils.

Voilà donc de nouveau Abraham écolier et faisant de rapides progrès.

Rien de plus intéressant, de plus instructif, que l'histoire de sa bibliothèque : le hasard, les circonstances, lui apportent les meilleurs livres qu'il fallait pour former ce grand caractère, dont la nation américaine aura besoin pour son salut à l'heure de la guerre civile.

La belle-mère trouve à se procurer de seconde main la *Vie d'Henry Clay* : Abraham, au début de sa vie politique, suivra le parti de cet illustre homme d'État, qu'il prit pour maître et pour modèle.

La façon dont le futur président devint propriétaire de la *Vie de Washington* mérite d'être racontée. Il possédait la vie des grands hommes de Plutarque et celle de Franklin; mais le livre qui racontait l'histoire du père de la patrie, du fondateur de la République, appartenait à son professeur, M. Crawford, qui le lui avait prêté.

Abraham avait fait de ce livre une sorte de bréviaire qu'il mettait dans sa poche le jour, à son chevet la nuit, et dont il ne pouvait se séparer.

Mais voilà qu'un orage imprévu fond sur la cabane, pénètre par les fissures du toit et mouille complétement le volume.

« Comment le rendre à M. Crawford en pareil état ? »
se demandait Abe, les larmes aux yeux.

Il le fit sécher tant bien que mal, et un matin le rapporta, tout penaud, à son maître en lui demandant du temps pour en payer le prix quand il aurait du travail.

« Vois-tu cette pièce de terre ? lui répondit M. Crawford ; si tu veux me la faucher, le livre est à toi. »

Le marché fut vite conclu, et dès le lendemain, à l'aube, par une belle matinée d'automne aussi joyeuse que son cœur, il était à la besogne.

Trois jours suffirent pour la moisson, et l'heureux moissonneur emporta son livre, plus fier de sa conquête qu'Alexandre de ses victoires.

*
**

A dix-huit ans, Abe est un grand et fort garçon, laborieux et relativement instruit, très-estimé déjà dans la contrée, dont il est devenu le secrétaire. Nous le voyons alors choisi par un riche meunier, M. Peters, pour accompagner son fils John, qui devait conduire à la Nouvelle-Orléans une importante cargaison de farines et autres marchandises destinées à approvisionner les plantations.

C'est Lincoln batelier, gagnant 10 dollars par mois.

Les deux jeunes gens descendirent gaiement le grand fleuve du Mississipi. Ils avaient à faire un trajet de 1,800 milles.

Le paysage variait à tout moment. Ils rencontraient souvent d'autres bateaux conduits par une bande joyeuse avec laquelle ils échangeaient les *hourrahs* traditionnels. De temps à autre ils étaient arrêtés par les habitants des plantations riveraines. « D'où venez-vous ? Où allez-vous ? Quelles sont vos denrées ? » Les réponses suivaient les questions, et, après quelques heures de repos, les jeunes gens reprenaient leur course.

La nuit, ils amarraient à un des grands arbres du bord et dormaient sur le pont, enveloppés d'une simple couverture.

Parfois de lourds orages s'abattaient sur eux ; la pluie tombait à torrents, le vent faisait rage, et il fallait défendre la frêle embarcation contre les assauts de la tempête.

Enfin nos deux jeunes voyageurs arrivent sains et saufs, eux et la cargaison, près du lieu de leur destination, au nord de la Nouvelle-Orléans. Ils préviennent leurs clients qu'ils débarqueront le lendemain, et vont se coucher de bonne heure sur leur bateau, pour être frais et dispos à la première heure du matin.

Abraham n'était pas endormi qu'il entend, dans des joncs situés à peu de distance de la crique où ils stationnaient, parler à voix basse, comme si l'on tramait un mauvais coup.

« Qui va là ? cria par deux fois Abraham d'une voix forte, en saisissant une barre de bois.

— Ce sont des nègres ; il n'y a rien à craindre, » murmura le fils du meunier, à demi-éveillé.

Mais à peine avait-il prononcé ces mots qu'un de ces nègres (ils étaient sept), d'un bond prodigieux, sauta sur le bateau, d'où Abraham le précipita dans l'eau d'un coup de sa barre. Les autres se ruent alors sur nos deux jeunes gens; mais ils avaient compté sans la force et le courage de leurs adversaires. Ils furent bâtonnés et poursuivis jusque dans les bois.

Ces malheureux ne se doutaient guère qu'ils venaient d'attaquer le futur libérateur de leur race!

La cargaison fut livrée en bon état aux planteurs de la Nouvelle-Orléans, et Abraham rapporta dans l'Indiana une réputation de batelier prudent, habile et courageux.

VI

NOUVELLE ÉMIGRATION. — LA FAMILLE LINCOLN S'ÉTABLIT DANS L'ILLINOIS.

Le grand-père d'Abraham, né dans la Virginie, était venu dans le Kentucky. On connaît sa triste fin. Thomas Lincoln avait quitté le Kentucky, terre d'esclaves, pour le pays libre d'Indiana; il devait encore aller en avant. *Go ahead!* Les récits les plus séduisants commençaient à circuler dans les anciens États sur la fertilité des campagnes de l'Illinois [1]. Thomas

1. L'*Illinois* est arrosé par le Mississipi, l'Illinois, l'Ohio, le Wabasch et le Kaskaskia. On y voit des plaines boisées et

fit prendre des renseignements par un parent de Mary Hanks, et, au mois de mars 1830, les Lincoln et deux autres familles qui leur étaient alliées s'associèrent pour le départ.

« Abraham, avait vingt et un ans, dit M. Scripps, homme de l'Ouest lui-même, qui a connu toutes ces circonstances ; il était l'unique fils de M. Lincoln, alors avancé en âge, et ne voulut pas abandonner son vieux père au moment où celui-ci allait être assailli par les peines, les privations et la fatigue d'un établissement dans un pays nouveau. »

A cette époque, lorsque des colons changeaient de résidence, ils emportaient avec eux tous leurs objets transportables : effets de ménage, ustensiles de cuisine, y compris les provisions pour le voyage, outils de ferme, chevaux et bétail. Les vieillards montaient sur des chariots traînés par des bœufs ; aidés des femmes, les jeunes garçons conduisaient les bêtes de somme, tandis que les hommes faits éclairaient la marche du convoi et veillaient à sa sécurité. Ainsi équipé pour un voyage qui durait des semaines, souvent des mois, l'émigrant partait, dédaignant la fati-

---

marécageuses, mais très-fertiles en grains, plantes oléagineuses, tabac, etc. Sa population qui n'était que de 300,000 âmes en 1818, est aujourd'hui de 2,538,420 habitants. Les Français établis sur les rives du Kaskaskia furent les premiers colons de l'Illinois, en 1693.

Devenu la possession des Anglais en 1763, il fut cédé aux États-Unis en 1783, incorporé dans le territoire de l'Indiana, érigé lui-même en territoire organisé en 1809, et admis comme État dans l'Union en 1818.

L'Illinois tire son nom d'une tribu indienne qui habitait la contrée ; il a pour capitale *Springfield*.

gue prochaine, les chemins mauvais, les rivières sans ponts, le souci des orages, le sommeil sur la dure ou dans un chariot, la maladie, les accidents et fréquemment la mort en route. Il préférait arrêter sa pensée sur la nouveauté et l'excitation du voyage, sur les ressources vantées d'un pays inconnu et sur les avantages probables d'un nouvel établissement.

La caravane conduite par Thomas Lincoln avait, pour transporter les biens des trois familles, deux attelages, l'un de deux bœufs, l'autre de quatre. Abraham conduisait le dernier.

Le temps favorisa presque constamment nos voyageurs, malgré la boue qui encombrait les chemins. Pendant des milles, Abraham s'enfonçait dans un pied de fange ; souvent même le jeune et courageux pionnier avait de l'eau jusqu'aux genoux, et ses genoux étaient à une belle hauteur ! Au bout de cent cinquante milles, la caravane se trouva en face de la rivière Kaskaskia, où les terres basses étaient inondées. Que faire en pareille occurrence ? Abraham donna son avis, et l'action suivit de près. Dans l'eau jusqu'à la ceinture, il guida son attelage, poussant ses bœufs et égayant ses compagnons par des paroles encourageantes. Son habituelle énergie et sa force de caractère l'aidèrent à surmonter toutes les difficultés.

Le voyage du comté de Spencer (Indiana) à Decatur (Illinois) dura quinze jours. Le lieu choisi pour s'y fixer était situé au nord, auprès de la rivière Sangamon, à environ dix milles à l'est de Decatur, position excellente entre les bois et les prairies.

A. JOUAULT.

La maison ne tarda pas à être construite, et Abe prit sa bonne part du travail.

Dix acres de prairies furent réservés et entourés de ces fameux piquets dont on a tant parlé dans la campagne présidentielle qui précéda l'élection de Lincoln.

« L'existence de ces piquets, dit M. Scripps, fut
« signalée à l'attention publique pendant une session
« que tenait à Décatur la convention républicaine
« de l'Illinois. On en prit deux pour y attacher des
« bannières portant des inscriptions de circonstance,
« et ils furent présentés à l'assemblée au milieu d'un
« enthousiasme indescriptible. Après cela on en de-
« manda dans tous les États de l'Union où le travail
« était en honneur. Ils furent portés en procession,
« comme des reliques, et acclamés par un peuple
« entier comme un symbole du triomphe des droits
« et de la dignité du travail libre.

« J'ai vu une canne qu'avait envoyée à Lincoln un
« de ses vieux amis de l'Indiana, canne faite d'un
« des piquets qu'il avait taillés dans sa jeunesse. »

VII

ABRAHAM QUITTE SA FAMILLE ET DEVIENT COMMIS D'UN MEUNIER.

Au printemps suivant Lincoln quitte les siens, après les avoir établis, pour aller chercher fortune ailleurs.

Nous le rencontrons d'abord dans le comté de Menard, près Pétersburg, travaillant à l'ouvrage qu'il trouve. Il passe l'hiver chez un nommé Amstrong, homme pauvre et avancé en âge. L'hospitalité qu'on lui avait offerte gratuitement, il la payait en leçons qu'il donnait le jour au fils de la maison, un fort mauvais sujet dont il sera bientôt question. Il consacrait en partie la nuit à compléter son instruction par la lecture de quelques livres qu'il avait découverts dans la maison.

La jeunesse du pays ne tarda pas à le remarquer. C'est à cette époque que l'estime publique ajouta au diminutif de son nom l'épithète d'*honnête*, et qu'on l'appela :

L'HONNÊTE ABE.

Lincoln ne fut jamais un élégant : mais, il paraît qu'en ce temps-là il était des plus mal habillés, si mal qu'il s'en apercevait lui-même. « Que voulez-vous? disait-il à ce sujet; moi, je préfère un bon livre à un beau vêtement. » Et en effet, pendant cet hiver, il ajouta quelques ouvrages à sa précieuse bibliothèque.

Au printemps de 1831, Lincoln est engagé par un nommé Denton Offut, marchand meunier à New-Salem, pour un nouveau voyage à la Nouvelle-Orléans, moyennant 15 *dollars par mois*, prix extraordinaire pour le temps.

Son patron, n'ayant pas trouvé de bateau à acheter, charge Lincoln de lui en construire un. Le bateau terminé, Abraham se met en route et déploie dans le voyage des qualités telles que, pendant le retour même, il est engagé comme premier commis de la boutique et du moulin de son patron, sis au village de New-Salem.

Voilà donc le futur président de la république *clerk* de marchand, et bientôt le premier du pays. Il conquiert la confiance de tous et devient un arbitre sans appel.

« Abe l'a dit, » — plus rien à ajouter. Son opinion valait un jugement.

Il exerçait depuis trois mois cette nouvelle profession, lorsqu'un sieur Nelson Day, qui avait l'habitude de fréquenter la boutique, vint le voir, et le trouva un livre à la main.

« Toujours à lire, comme d'ordinaire! lui dit-il, et la grammaire encore!

— Oui; je désirerais en connaître quelque chose. Je ne m'en suis pas occupé jusqu'à présent.

— Moi non plus ; mais je ne m'en porte pas plus mal. Comment pouvez-vous travailler ici, au milieu des acheteurs qui vous dérangent à chaque instant ?

— Franklin avait toujours un livre à la main ; je fais comme lui, répondit Abe.

— Vous connaissez donc bien sa vie ?

— Certainement, depuis plusieurs années déjà ; et, s'il n'avait pas fait précisément ce qui vous semble si extraordinaire, il eût toujours fabriqué des chandelles. »

Abraham ne quitta pas sa vieille grammaire sans la posséder sur le bout du doigt, et voilà comment, avec de la persévérance, sans autre maître que la volonté de savoir, il apprit à parler et à écrire correctement sa langue maternelle. Ajoutons que ce fut sans préjudice pour son patron, et que l'étude ne fit oublier à Lincoln ni ses devoirs de commis ni les intérêts de la boutique et du moulin de New-Salem.

VIII

GUERRE DU FAUCON-NOIR. — LINCOLN CAPITAINE, GÉOMÈTRE, LÉGISLATEUR, AVOCAT.

Au printemps de 1832 éclata la guerre du Faucon-Noir (*Black-Hawk*), un des chefs indiens les plus redoutables. Le gouverneur de l'Illinois appela sous les armes quatre régiments de volontaires. Des agences de recrutement furent ouvertes en différentes localités ; mais, comme il n'y en avait point à Salem, Lincoln allait s'engager dans une ville voisine, lorsqu'on obtint l'autorisation de lever une compagnie entière dans le pays.

« Ce sera pour trente jours, disait-on.

— Trente mois, s'il le faut, » répondit Lincoln.

Et, par son ardeur patriotique, il enflamma et entraîna toute la jeunesse du pays, si bien qu'on le nomma capitaine.

La compagnie de New-Salem se rendit au camp de Beardstown, et de là marcha à la rencontre du Faucon-Noir.

Les trente jours expirés, on n'avait point encore vu l'ennemi. La compagnie fut dissoute à Ottawa, et, en vrais volontaires américains, la plupart des habitants de Salem rentrèrent chez eux, laissant la place à d'autres.

Appel est fait à une nouvelle levée ; Abraham s'engage comme simple soldat.

Trente jours encore se passent, et la guerre n'était pas finie. Le régiment avait fait son temps ; il est renvoyé dans ses foyers comme le premier.

Lincoln s'engage une troisième fois et prend part à la bataille de Bad-Axe, qui termine la guerre par une éclatante victoire.

Il retourne alors à Salem, ayant perdu son cheval près de Janesville (Wisconsin), descend en canot la rivière des Rochers, jusqu'à Dixon, traverse à pied la contrée jusqu'à Peoria, où il rencontre, sur la rivière de l'Illinois, un canal qui le mène à 40 milles de son domicile.

Sa rentrée à Salem fut joyeusement fêtée par ses nombreux amis.

A dater de cette campagne, les vieillards l'appelèrent encore *Abe*; mais les fameux volontaires du premier mois ne le nommaient plus que *le Capitaine*, tout fiers d'avoir servi sous un tel chef.

**

On songea alors à l'envoyer à la législature de l'État, quoiqu'il n'habitât le pays que depuis neuf mois et ne fût connu qu'à New-Salem, tandis que les autres candidats, hommes du reste fort distingués, étaient en réputation dans tout le comté. Il échoua, mais de la façon la plus honorable; car il eut à New-Salem 277 suffrages sur 284 votants.

« Bon augure pour la prochaine élection, lui dirent ses amis.

— C'est fort bien, répliquait Lincoln; mais à la condition que je trouve, en attendant, de l'ouvrage par ici. »

Car il avait quitté son magasin pour guerroyer contre le Faucon-Noir, et il n'était pas homme à rester un pied en l'air et le nez au vent, dans l'attente d'une candidature.

« Eh bien! que comptez-vous faire? demanda quelqu'un. Au fait, pourquoi n'étudieriez-vous pas le droit? Vous pourriez devenir avocat.

— Vous riez! Moi, devenir homme de loi, avocat! Mais je songe à me faire forgeron; j'ai de bons bras dont je suis sûr, et je doute fort de mon éloquence. »

**

Pendant que Lincoln était à la recherche d'une profession, il rencontra John Calhoun [1], le célèbre agitateur du Sud, un des chefs les plus ardents du parti esclavagiste.

« Donnez-vous à l'arpentage! dit Calhoun.

---

1. Né en 1782 dans la Caroline du Sud, mort en 1850, Calhoun fut député au Congrès en 1810, ministre de la guerre de 1817 à 1825, vice-président des États-Unis de 1825 à 1833, ministre d'État en 1844, et enfin sénateur.

En 1848, la découverte des riches mines d'or de la Californie produisit aux États-Unis une telle agitation, qu'en peu de temps des milliers d'individus étaient en route pour cet Eldorado, par terre ou par mer, et que leur nombre fut bientôt suffisant pour constituer un État. Ils tinrent une Convention à Monterey, et le 1ᵉʳ septembre 1849 adoptèrent une Constitution, renfermant une clause pour l'exclusion de l'esclavage.

Le Sud menaça de scission et de guerre civile si l'esclavage était exclu de la Californie, et les ultra-esclavagistes, conduits par Calhoun, celui que vient de rencontrer Lincoln, demandaient non-seulement le rejet de la Californie de l'Union, mais exigeaient encore, entre autres concessions, un amendement à la Constitution destiné à équilibrer le pouvoir politique des États libres et des États à esclaves. Ce but paraissait pouvoir être atteint par la nomination de deux présidents, l'un des États libres, l'autre des États à esclaves, qui devaient approuver tous les actes avant que ces derniers devinssent des lois.

(Bigelow, *Les États-Unis d'Amérique en 1863*.)

— Je n'y connais rien.
— Apprenez.
— Comment ?
— Facilement, si vous en avez besoin pour vivre. »

Et voilà Lincoln arpenteur. M. Calhoun lui prête *Flins et Gilson*, deux livres où il apprend la géométrie pratique, continuant ainsi l'étude des mathématiques, qu'il avait laissée à la règle de trois.

L'arrivée des émigrants qui cherchaient des terres donnait une grande importance à la profession d'arpenteur, la première qu'avait exercée Washington. Lincoln y apporta des aptitudes spéciales, et il la remplissait avec succès depuis plus d'un an, lorsqu'un événement inattendu vint changer sa position.

Dans l'été de 1834 avaient lieu de nouvelles élections à la législature de l'Illinois, et Lincoln ne fut pas oublié.

Il commençait à être connu de tout le comté.

Soldat, il s'était engagé le premier et n'avait quitté que le dernier le champ de bataille.

Arpenteur, il avait rendu de grands services aux colons.

Dans les affaires, personne ne montrait plus de loyauté et d'intelligence, et ses vertus privées avaient fait l'admiration de tous ceux qui avaient fréquenté *l'Honnête Abe*.

Les élections eurent lieu par une belle journée d'août. Les votants étaient nombreux, et Lincoln, selon les prévisions de ses amis, fut nommé à une forte majorité. Ceux-ci, le soir, vinrent le féliciter. Il était d'usage de traiter ses partisans en pareille occurrence ; mais Lincoln s'obstina à leur refuser du rhum et du whisky, et ne leur offrit que du thé et du café. Ils le raillèrent fort à ce propos, mais ne l'en estimèrent que davantage.

C'est pendant qu'il siégeait à la législature que Lincoln se résolut à étudier le droit.

Il se lia avec John T. Stuart, éminent jurisconsulte, l'un des hommes les plus distingués de l'Etat, qui, en judicieux observateur, pressentit le talent et l'avenir de son jeune collègue. Il lui conseilla d'étudier les lois, l'encouragea et lui ouvrit sa bibliothèque. Abraham réfléchit aux conseils de M. Stuart, dont il subit l'ascendant, et, peu de temps après la fin de la première session, il travailla pour devenir avocat.

De New-Salem, où il avait son bureau de géomètre, à Springfield, où se trouvait la bibliothèque de M. Stuart, on comptait 22 milles. Lincoln faisait à pied fréquemment ce voyage. Après une journée d'arpentage, il se mettait encore en route le soir pour aller chercher les livres nécessaires à ses études de droit. En six mois, il avait appris presque par cœur les *Commentaires* de Blackstone [1], et il ne tarda point à être

---

[1]. Blackstone était un avocat de Londres qui ouvrit à Oxford, en 1753, un cours de droit civil et politique. Ses leçons, publiées sous le titre de *Commentaires sur les lois d'Angle-*

reçu avocat, honneur du reste assez facile en ce temps-là, et peut-être encore aujourd'hui.

IX

DÉBUTS D'ABRAHAM LINCOLN AU BARREAU DE SPRINGFIELD.

On sait peu de chose sur sa carrière d'avocat, sinon qu'il ne voulait point se charger d'une cause à laquelle il ne croyait pas de droits, scrupuleux à ce point qu'on le vit un jour abandonner son client au moment de le défendre, parce que l'avocat adverse venait de lui prouver avant l'audience qu'il avait très-certainement tort.

Comme orateur, il était plein d'entrain et d'une bonne humeur que rien ne pouvait altérer. Sa parole respirait la franchise et l'honnêteté, et l'esprit y abondait. Dans ses plaidoiries on trouvait de quoi penser et de quoi rire.

Il était bien à la barre le disciple de cet Ésope dont les fables avaient tant charmé son enfance; il aimait à frapper l'esprit de ses auditeurs par des anecdotes et des apologues qui lui réussissaient mieux que les longs et pompeux discours familiers aux avocats américains.

terre, aussi estimées en Amérique qu'en Angleterre, ont devant les tribunaux de ces pays la même autorité que notre Pothier en France avant le Code civil.

Un jour, il avait pour adversaire un de ces hommes parlant sans cesse du respect qu'on doit aux principes, aux lois de la société, ne voulant pas en démordre et disant toujours, avec leurs lunettes sur le nez, leurs cheveux hérissés, une grosse voix tonnante, que leurs adversaires ne connaissent pas les principes, violent les principes, et qu'eux seuls, enfin, sont les organes et les conservateurs des principes. Lincoln, au lieu de se laisser déferrer par cette vigoureuse argumentation de son adversaire en lunettes, lui dit :

« Mon cher collègue, vous m'avez rappelé tout à l'heure une histoire qui s'est passée dans mon enfance. J'avais un voisin qui, sortant de sa maison, prit un fusil et dit à son fils : Vois-tu là-bas un écureuil? Il y a un écureuil sur cet arbre. — Non, je n'en vois pas. — Le père tire un coup de fusil; il y a toujours un écureuil sur l'arbre; un second coup, il y a toujours un écureuil; un troisième coup, l'écureuil est toujours là. Enfin il dit à son fils : Reprends ce fusil, il est évident qu'il ne vaut rien. — Mais non, mon père, ce n'est pas la faute du fusil, c'est tout simplement un poil de vos sourcils que vous voyez à travers vos lunettes, et que vous prenez pour un écureuil qui n'existe que dans votre imagination [1]. »

1. Auguste Cochin.

***

Une des premières plaidoiries de Lincoln est restée célèbre. Elle se rattache aux souvenirs de sa jeunesse : il défendait un accusé innocent, et rencontrait l'occasion de payer une dette de reconnaissance à la veuve d'un de ses premiers bienfaiteurs.

Dans un *camp meeting* du comté de Menard, une rixe avait eu lieu, et un homme avait été tué. Les soupçons se portent sur un nommé Joé, qu'on arrête malgré ses protestations. C'était cet ancien élève d'Abraham, le fils de M. Armstrong, dont il avait habité la maison, après avoir quitté sa famille.

Les propos allaient leur train ordinaire sur les fâcheux antécédents de l'accusé; on rappelait les moindres incidents de son enfance : pas un de ses actes les plus insignifiants qui ne fût l'indice certain d'une perversité précoce expliquant l'horrible crime dont on l'accusait. Tout en plaignant la pauvre mère, on réclamait justice, et la surexcitation fut portée à un tel point que, si Joé n'avait pas été protégé par les murs de sa prison, il eût été pendu par la foule après un simulacre de jugement. Il eût subi la loi de Lynch [1].

---

1. Loi de Lynch, *Lynch-law*, justice sommaire que le peuple exerce, aux Etats-Unis d'Amérique, contre les individus qui jouissent de l'impunité par l'insuffisance des lois ; il les pend ou leur inflige un certain nombre de coups de fouet. On dérive ce nom d'un certain John Lynch, colon de la Caroline au XVII° siècle, que ses concitoyens investirent d'un

Le jeune homme valait pourtant mieux que sa réputation, et le passage de Lincoln dans sa maison lui avait profité.

M. Armstrong était mort deux ou trois ans après le départ de ce dernier; Joë s'étant mis à la tête de la ferme, et sa mère n'avait eu qu'à se louer de son affection et de son travail.

La malheureuse femme, désespérée, cherchait en vain ce qu'elle pouvait faire pour sauver son enfant, retenue chez elle par ses devoirs de ménage et fort éloignée de la prison, lorsqu'elle reçut la lettre suivante :

« Springfield, ILL. sept. 18...

« Chère madame Armstrong, je viens d'apprendre votre profonde affliction et l'arrestation de votre fils pour un meurtre. Je puis hardiment croire qu'il ne peut être coupable du crime dont on l'accuse. Cela ne me paraît point possible. Je suis impatient qu'il ait à tout prix un jugement équitable ; et ma reconnaissance pour vos persévérantes bontés envers moi quand j'étais dans la détresse, me pousse à vous offrir gratuitement mes humbles services en sa faveur. Ce me sera une occasion de m'acquitter, dans une faible mesure, des bienfaits que j'ai reçus de vous et de votre regrettable mari, lorsque votre toit me donna

---

pouvoir discrétionnaire afin de juger et de réprimer immédiatement les désordres inséparables d'une colonie naissante; cette mesure aurait été adoptée par les autres États de l'Amérique du Nord pour des circonstances semblables.

(Littré, *Dict. de la Langue française*.)

une gracieuse hospitalité, sans argent ni récompense.

« Votre affectionné,
« Abraham LINCOLN. »

Cette lettre simple et touchante éclaira d'une lueur d'espérance le cœur désolé de madame Armstrong. Lincoln se mit en campagne, acquit la conviction de l'innocence de Joé et se chargea de le défendre. Le jour du jugement arriva. La foule était nombreuse et hostile. Des témoins reprochaient à Armstrong les vices de son caractère, d'autres racontaient ce qu'ils avaient vu dans la nuit du meurtre ; les témoignages étaient unanimes et accablants. Chacun, sans exception, assignait la même heure précise à la fatale rixe, et ajoutait que le crime avait été commis à la clarté de la lune.

— « Écrivez, greffier, disait chaque fois l'avocat : c'est au clair de la lune. »

Lorsque les témoins eurent déposé, s'accordant tous sur cette circonstance, Lincoln tira de sa poche un petit almanach et prouva que, cette nuit-là, il n'y avait pas eu de lune. Alors la vérité éclata, et Joé fut acquitté. Cette cause fit beaucoup d'honneur à Lincoln, dont elle commença la réputation.

Un des futurs adversaires de Lincoln, homme du Sud, M. Stephens, eut aussi dans d'autres circonstances, également devant la justice, l'occasion de payer une dette de reconnaissance contractée pendant sa jeunesse. Voici comment il l'a raconté lui-même dans la péroraison d'un discours qu'il prononçait en faveur de l'asile des orphelins et des écoles libres d'Alexandrie :

« Par une froide nuit de janvier, un petit garçon, n'ayant ni logis ni toit pour abriter sa tête, sans père ni mère, sans guide pour protéger son existence, s'en vint frapper à la porte d'un riche planteur, qui l'accueillit, lui donna à souper et à coucher, et le lendemain le congédia avec sa bénédiction. Cette humanité réconforta l'enfant et lui inspira un nouveau courage pour lutter contre les obstacles de la vie. Des années s'écoulèrent ; la Providence l'aidant, il était devenu avocat. Son ancien hôte mourut ; les vautours qui font d'ordinaire leur proie des biens d'un homme, complotèrent de dépouiller la veuve de sa succession. Elle courut au plus proche avocat pour lui confier sa cause, et il se trouva que cet avocat était l'orphelin que feu son mari avait, quelques années auparavant, bien accueilli et régalé. Le stimulant d'une vive et fidèle reconnaissance vint s'ajouter aux devoirs de sa profession. Il se chargea de la cause avec une volonté contre laquelle devaient se briser les résistances, et gagna son procès : la fortune de la veuve fut mise en sûreté pour toujours ; et, — ajouta M. Stephens avec une force d'émotion qui électrisa l'auditoire, — cet orphelin, c'était moi ! »

C'est en 1837 qu'Abraham Lincoln commença l'exercice de sa profession d'avocat.

Vingt-trois ans plus tard, les citoyens du Nouveau-Monde plaçaient, à la tête du gouvernement de l'Union, le petit pionnier, le fendeur de bois, comme on l'appelait, dont je viens de raconter la jeunesse.

Washington.

DEUXIÈME PARTIE

LA VIE POLITIQUE
D'ABRAHAM LINCOLN

Le général Grant.

LA VIE POLITIQUE
D'ABRAHAM LINCOLN

I

LINCOLN AU CONGRÈS DE 1847. — GUERRE DU MEXIQUE. — DISTRICT DE COLOMBIE. — DROIT DE PÉTITION, ETC., ETC.

La jeunesse d'Abraham Lincoln, c'est l'histoire même de tout le peuple des États-Unis, marchant, dans le silence et l'obscurité, à la conquête pacifique du Nouveau-Monde par le travail et la liberté.

Pionnier du grand Ouest pendant la première partie de sa vie, nous l'avons vu exercer tous les métiers, même les plus humbles, que lui font rencontrer sur son chemin les hasards et les nécessités de l'existence. Qu'on ne s'étonne pas pour cela de son éclatante fortune.

De l'autre côté de l'Atlantique on ne demande pas à un homme ce qu'il fait, mais s'il fait quelque chose, et s'il fait bien ce qu'il entreprend. L'ouvrier qui porte devant son établi un cœur droit et des mœurs probes, peut traiter d'égal à égal avec l'homme de toute condition, et chacun est classé, dans la société, d'après les services qu'il y rend et les profits que son travail ajoute à la fortune commune. On ne méprise que l'oisiveté.

Or, dans un pays où la civilisation cherche à s'implanter par les arts de la paix, où les hommes ont devant eux des solitudes sauvages à déboiser et à défricher, quand il faut tout créer, la maison, la ferme, le moulin, la hache du bûcheron et la charrue du laboureur sont des armes plus utiles et plus nobles que le fusil du soldat ou l'épée du capitaine. Ces armes-là, Lincoln les avait courageusement maniées. L'avocat était un ancien pionnier, et, quand il parut sur l'arène politique, le peuple ne tarda pas à voir en lui comme une incarnation vivante de la dignité et des droits du travail manuel.

*
* *

Lincoln fit partie pendant six ans (1834-1840) de la législature [1] de l'Illinois, comme membre de la Cham-

---

1. Les pouvoirs publics aux Etats-Unis sont partagés entre les gouvernements des Etats (*Législatures*) et le gouvernement fédéral (*Congrès*), les premiers se réservant les affaires intérieures et tout ce qui touche aux intérêts des citoyens, le second ayant la haute main sur toutes les relations avec l'étranger, et entre les États eux-mêmes.

La législature de l'Illinois se compose d'un sénat de vingt-

bre des représentants; de cette époque datent ses premiers rapports avec Stephen A. Douglas, dont il devait être plus tard l'implacable adversaire.

Il rentre ensuite dans la vie privée et se dévoue tout entier à la pratique de sa profession, où il déploie une habileté remarquable et conquiert une grande réputation d'homme de loi intègre, laborieux et conciliant. Nous le voyons pourtant, dans la campagne présidentielle de 1844, battre tout l'État de l'Illinois, oubliant ses intérêts pour la défense de son parti.

C'est sur le terrain de l'annexion du Texas qu'avait lieu la lutte.

Le Sud la demandait, afin de faire entrer dans l'Union un nouvel état à esclaves. La convention démocratique tenue à Baltimore, le 27 mai 1844, portait à la présidence James K. Polk, ancien gouverneur du Tenessee.

Le parti whig, au nom du travail libre, repoussait cette annexion et avait choisi pour président, dans une convention tenue également à Baltimore le 1er mai, Henri Clay, du New-Jersey.

Le lecteur n'a pas oublié que la Vie de ce grand homme d'Etat avait été un des premiers livres d'Abraham. Son admiration pour Clay n'avait fait que gran-

---

cinq membres, nommés pour quatre ans, et d'une assemblée de quatre-vingt-dix représentants. La moitié des sénateurs et tous les représentants sont soumis tous les deux ans à une nouvelle élection. Il est alloué aux membres de la législature comme indemnité deux dollars par jour pendant les quarante premiers jours de la session et 1 dollar les jours suivants.

dir avec le temps, et Lincoln trouvait, dans cette circonstance, une excellente occasion de la manifester. Mais ses efforts et ceux de ses amis ne furent point couronnés de succès.

Le résultat de l'élection donna 170 votes à Polk et 105 à Henri Clay, et, le 1ᵉʳ mars 1845, le Texas était annexé aux Etats-Unis en qualité d'Etat à esclaves.

En 1847 Lincoln prend place au Congrès, comme membre de la Chambre des représentants, envoyé par l'Etat de l'Illinois. Il était le seul whig de la députation, qui comptait sept membres.

De graves questions se débattaient en ce moment. La guerre du Mexique soulevait d'immenses difficultés, et l'inévitable esclavage se présentait au Congrès sous toutes les formes et à propos de toutes les questions : *droit de pétition ; administration du district de Colombie ; gouvernement des territoires*, etc...

Dès le début, Lincoln se distingue par la netteté et la franchise de ses opinions ; on devine immédiatement qu'il ne sera jamais l'homme des compromis basés sur l'équivoque, qu'il veut avant tout la justice et réprouve, comme contraires au droit des gens, les récentes entreprises sur le Mexique.

Il allait, en cela, contre l'esprit national et les espérances caressées par tous les partis [1].

---

1. Pour l'intelligence de toute la partie politique de ce livre il est indispensable de voir à l'Appendice la signification des mots *démocrate* et *républicain*, *parti démocratique* et *parti républicain*, dans la langue des États-Unis.

*
* *

On disait, on enseignait alors que ce qu'étaient dans l'antiquité la Grèce à la Perse, Rome à Carthage, les Etats-Unis le sont aux races espagnoles de l'Amérique du Nord. Il ne s'agissait pas seulement du Mexique ; mais tout le continent, jusqu'à l'isthme de Panama, était voué, dans l'esprit populaire, à une incorporation graduelle dans la grande République.

Et ce rêve ambitieux n'était pas confiné dans les chaudes régions du Sud et l'imagination des politiques méridionaux : ceux-ci semblaient autorisés encore à croire, en raison des nécessités prétendues de l'institution de l'esclavage, que, ne pouvant s'étendre vers l'Ouest, ni vivre en paix par d'autres moyens avec les Etats libres grandissants, il leur était nécessaire d'annexer Cuba et les vastes régions misérables et mal cultivées, mais belles et fertiles, qui s'étendent entre les frontières du Texas et les deux Océans pour finir à Panama.

On trouvait ce sentiment partagé par un grand nombre d'hommes du Nord, froids et modérés, qui déploraient une telle nécessité, tout en la proclamant, et considéraient comme la *destinée manifeste* de la race anglo-saxone de dominer le continent entier et d'absorber la race espagnole, tenue pour aussi incapable que les Indiens de développer les ressources du pays et d'établir un gouvernement ferme et libre.

Le Congrès, sous l'administration de Polk (1845-1849), patronnait toutes ces idées, épiant l'occasion de chercher querelle au Mexique : l'annexion du Texas vint en fournir une qu'on ne laissa point échapper.

Le général Zachary Taylor, avec une petite armée, occupait la région située entre le Nueces et le Rio-Grande, que les Etats-Unis prétendaient appartenir au Texas, tandis que les Mexicains affirmaient que le Texas ne s'était jamais étendu au-delà du Nueces. Une légère collision s'élève, en avril 1846, entre les troupes du général Taylor et celles du général mexicain Arista, et voici la guerre allumée.

Le président adresse immédiatement au Sénat un message déclarant que « *la guerre existait par suite de l'acte du gouvernement de Mexico.* »

Une voix éloquente s'élève contre tant de précipitation à faire sortir la guerre d'un acte qui pouvait n'être que la suite d'un malentendu. — Lincoln demande qu'une enquête précède au moins la prise d'armes et que, s'il y a eu injure, réparation soit demandée par les voies diplomatiques, avant de recourir à la force. Non-seulement il ne fut point écouté, mais encore, dans les dernières années de sa vie, ses ennemis, en quête de griefs contre lui, l'accusèrent d'avoir manqué de patriotisme quand il s'agissait d'une affaire aussi nationale. Dans un discours prononcé à Ottawa (1858), Stephen A. Douglas affirma très-nettement que « Lincoln s'était distingué au congrès par « son opposition à la guerre du Mexique, *se rangeant* « *du côté des ennemis de la patrie*, et qu'en retour-

« nant dans son pays, il avait été poursuivi tout le
« long de la route par l'indignation publique. »

C'était pendant la campagne électorale où nous verrons Lincoln disputer à Douglas un siége de sénateur au Congrès.

Voici ce qu'il répondit à cette accusation :

« J'étais un ancien whig, et, quand le parti démocra-
« tique essaya de me faire voter que la guerre avait
« été *justement* commencée par le président Polk,
« je m'y refusai énergiquement. Toutefois, quand on
« a demandé de l'argent ou des terres pour payer les
« soldats, j'ai toujours voté comme Douglas. Vous
« pouvez trouver cela inconséquent, si bon vous sem-
« ble. Voilà la vérité : et Douglas a le droit d'en tirer
« toutes les conséquences qu'il pourra. Mais lorsque,
« sous une forme générale, il colporte cette idée que
« j'ai refusé les subsides nécessaires aux soldats qui
« combattaient dans la guerre du Mexique, ou que j'ai
« tenté d'entraver leur action, le moins que je puisse
« répondre est qu'il se trompe grossièrement et du
« tout au tout, comme il pourra s'en convaincre en
« lisant les procès-verbaux du Congrès. »

Lincoln, dans cette question, avait vu que la force du gouvernement devant le peuple, au commencement de la guerre, tenait à ce qu'on ne perdait pas une occasion de répéter que le *Mexique avait versé le sang américain sur le sol des États-Unis*. Lui croyait le fait erroné, et il avait mis en demeure le président de donner à la chambre des éclaircissements sur ce point, ce que ce dernier ne fit pas.

Le cabinet esquiva les explications, et les dispositions conquérantes du peuple américain, que nous avons rapportées plus haut, donnent à penser que la majorité préférait ne pas savoir la vérité.

.˙.

Le Congrès était souvent saisi de pétitions relatives à l'esclavage, mais le même sort était réservé aux moindres résolutions et propositions touchant ce sujet trop brûlant. On les déposait sur le bureau, et l'on ne s'en occupait plus autrement.

Dès son arrivée au Congrès, Lincoln prit en main la cause des pétitionnaires.

M. Gott avait, par une proposition fortement motivée, invité le comité administrateur du district de Colombie à présenter un bill abolissant le commerce des esclaves sur le territoire du Congrès[1]. Lincoln propose un amendement tendant à l'abolition de l'esclavage lui-même.

Ce bill portait en substance :

— « Défense d'introduire aucun esclave dans le district, excepté pour les fonctionnaires du gouvernement, auxquels on laissait la faculté d'amener les nègres nécessaires à leur maison pendant la durée de leur service.

— « Tous les noirs résidant actuellement dans le

1. Le congrès a une juridiction exclusive sur le district de Colombie, où est située la ville de Washington.

district, et tous ceux qui y naîtraient dans la suite, étaient déclarés libres, et ne pourraient être retenus en esclavage, même en dehors du district.

— « Indemnité accordée aux propriétaires sur le trésor public. »

Ce bill d'émancipation devait être soumis à l'acceptation du peuple.

Un autre bill fut encore introduit, pendant la même session, pour prohiber dans le district la vente et le louage des esclaves.

Lincoln défendit en vain toutes ces propositions au nom de la justice et de l'humanité. Le moment n'était point encore venu, le crime de l'esclavage n'avait pas pesé assez lourdement sur les amis de la liberté, qui le toléraient aveuglément dans la crainte de voir périr l'Union. Il fallait que le Sud eût montré plus d'audace, que les desseins nourris dans l'ombre se fussent produits au grand jour. Au début, les planteurs avaient, dans l'intérêt de leurs riches cultures de coton, demandé grâce pour une institution nécessaire, disaient-ils, à la fortune publique ; ils vont bientôt ériger l'esclavage en doctrine, prétendre qu'il est la condition normale et régulière du nègre, et entreprendre une croisade générale pour faire de la servitude humaine, comme dans l'antiquité, la pierre angulaire de la République américaine. Le Nord alors ouvrira les yeux, un grand parti républicain se fondera dont Lincoln sera le chef, et, avec la liberté, la justice prendra enfin possession du Nouveau-Monde.

II

LE PASSÉ DES ÉTATS-UNIS. — LA CONSTITUTION ET L'ESCLAVAGE — COMPROMIS DU MISSOURI ET COMMENT IL FUT RESPECTÉ.

Pour bien comprendre le rôle de Lincoln dans la crise que va traverser la société américaine, il est indispensable de revenir, en quelques mots, sur l'histoire de l'esclavage aux États-Unis.

Les colonisateurs du nouveau monde se trouvaient placés sur la plus magnifique des régions de la terre où l'humanité puisse accomplir ses destinées. Après la guerre de l'indépendance, la sagesse et le patriotisme de leurs grands hommes d'État, Washington, Francklin, Jefferson, leur avaient donné une constitution modèle, sans pareille dans le monde, et qui, à peine née, devait avoir la singulière fortune d'exciter l'envie de nos civilisations vieilles de trois mille ans.

Dès le début, un immense courant d'émigration s'établit du vieux continent vers le nouveau, et vient accroître avec une rapidité prodigieuse la population des États-Unis. En 1789 cette population n'est que de 3 millions d'hommes; en 1874 elle atteint le chiffre de 42 millions : voilà pour la prospérité intérieure.

Au dehors, les affaires de la Confédération ne vont

pas moins bien. Toutes les puissances étrangères acceptent la doctrine de Monroë qui leur interdit la colonisation dans l'Amérique septentrionale. La France cède la Louisiane ; l'Espagne, la Floride ; l'Angleterre, l'Orégon ; la Russie, ses possessions voisines du détroit de Berhing.

Et pourtant il est une ombre sur ce tableau. Comment se fait-il que, de 1785 à 1864, l'histoire de la liberté dans l'Amérique du Nord ne parle que de l'esclavage ? Comment un pays dont les institutions politiques et religieuses ont fait l'admiration du vieux monde a-t-il vécu, pendant plus d'un demi-siècle, sur les bases sociales de l'inégalité humaine ? C'est là un problème étrange, bien capable de dérouter les plus fervents amis de la liberté, si l'on s'arrête aux apparences. Mais qu'on étudie cette histoire sérieusement, profondément, comme elle le mérite, et l'on se convaincra de plus en plus que presque tous les maux qui ont affligé l'Union américaine ne dérivent pas des excès de la liberté, mais des attentats commis contre elle.

En 1788, la Convention de Philadelphie, chargée de préparer la Constitution, aurait voulu détruire l'esclavage. Washington, Jefferson, Madison, Franklin, Jay, Hamilton et beaucoup d'autres hommes éminents le regardaient comme un grand mal, incompatible avec les principes énoncés dans la *déclaration d'indépendance* et avec *l'esprit du christianisme.*

Ils avaient la majorité dans l'Assemblée, mais la Caroline du Sud et la Géorgie répétaient :

« Pas d'esclavage, pas d'union ! » Telle était l'alternative.

La Caroline du Nord était passive ; la Virginie et les États voisins du Nord étaient préparés à l'abolition. L'avidité de l'extrême Sud l'emporta.

Les partisans de la liberté se contentèrent de la faculté laissée au Congrès d'interdire la traite au bout de vingt ans, par l'article suivant :

« L'immigration ou importation de toutes personnes, que l'un quelconque des États maintenant existants jugera convenable d'admettre, ne sera pas interdite avant l'an 1808 [1]. »

Puis, persuadés que cette institution disparaîtrait peu à peu, repoussée par les progrès de la civilisation et de la liberté, ils laissèrent s'introduire dans la Constitution des priviléges qui ne font point partie de l'œuvre, qui étaient la négation même de son principe, et qui devaient, comme un corps étranger dans un organisme parfait, arrêter à chaque instant et déranger la société jusqu'au jour où l'esclavage en serait violemment expulsé.

Il fut donc reconnu que l'homme de couleur était susceptible de devenir la propriété d'autrui, comme un meuble ou un animal domestique qu'on peut revendiquer partout où on le trouve. C'est le paragraphe 3 de la section II de l'article IV, ainsi conçu :

---

1. *Constitution des États-Unis.* Art. Ier, sect. IX, § I.

« Toute personne obligée à un service ou à un travail dans un État, conformément à ses lois, ne pourra, si elle s'enfuit dans un autre, être affranchie de ce service ou travail ; elle sera livrée sur la réclamation de la partie à qui ce service ou ce travail seront dus. »

Il semblait que ce fût assez d'avoir concédé aux planteurs du Sud le maintien de leur propriété odieuse, de les avoir armés de la Constitution pour leur rendre leurs esclaves fugitifs, et de leur avoir donné vingt ans pour compléter leur personnel servile.

On va plus loin.

Des priviléges électoraux sont attachés à la propriété des esclaves :

« Les représentants, ainsi que les taxes directes, seront répartis entre les divers États qui feront partie de l'Union, selon le nombre des habitants. Ce nombre se détermine en ajoutant à la totalité des personnes libres (y compris les engagés à terme, excepté les Indiens) les trois cinquièmes du reste de la population [1]. »

Vis-à-vis de son maître, le nègre n'est qu'une bête de somme, mais, vis-à-vis de l'État, il devient les trois cinquièmes d'un citoyen.

« Ainsi, dit M. B. Bigelow [2], l'introduction de l'esclavage aux États-Unis avait créé, aussi bien en théorie qu'en pratique, deux systèmes sociaux et politiques qui devaient subsister conjointement.

---

1. *Constitution des États-Unis.* Art. Ier, sect. II.
2. *Les États-Unis d'Amérique en* 1863. — Librairie Hachette.

« Dans le Sud, une société fondée sur l'avilissement des classes ouvrières, où, par conséquent, *tout travail manuel dégrade le citoyen*, mais qui, *en même temps, possède près de la moitié de la représentation du pays;*

« En face, au nord, une population deux fois plus nombreuse, habitant des États distincts et plus ou moins éloignés, où presque tout individu jouit, devant la loi, de l'égalité politique, où aucune espèce de travail honnête ne dégrade et ne ferme l'accès des emplois et des dignités.

« On devait logiquement s'attendre à échouer dans toute tentative pour concilier ces deux intérêts inconciliables. Toutefois, le mal aurait pu finir par disparaître s'il avait été restreint, comme on le supposait d'abord, aux États primitifs, et ne s'était point étendu aux territoires encore inoccupés, comme y avait pourvu l'ordonnance de 1787. »

Voici en effet quelle était la législation de l'esclavage en 1789 :

1° La traite était autorisée jusqu'en 1808 ;

2° L'esclavage était maintenu dans les anciens États qui voudraient le conserver ;

3° Il était exclu des territoires situés au nord-ouest de l'Ohio par l'ordonnance de 1787, qui en réglait l'administration et contenait cette clause : « *qu'il n'y aurait jamais, dans lesdits territoires, ni esclavage ni servitude involontaire, excepté pour punir les crimes dont les coupables seraient dûment convaincus.* »

Mais, dès l'origine, cette clause est foulée aux pieds.

La Caroline du Nord, le 22 décembre 1789, — un mois après la ratification de la Constitution, passe un acte de cession de ses territoires Ouest (qui deviennent le Tenessee) à l'Union, mais *à la condition que le Congrès ne fera jamais aucune loi tendant à émanciper les esclaves dans lesdits territoires.*

« La Géorgie de même (avril 1807), en cédant à l'Union les territoires qui forment aujourd'hui l'Alabama et le Mississipi, imposa à l'Union et requit le Congrès d'accepter la condition suivante : « que les « territoires cédés deviendraient un État et seraient « admis dans l'Union aussitôt qu'ils contiendraient « 60 mille habitants, ou à une époque plus rapprochée « si le Congrès le jugeait convenable, avec les mêmes « priviléges et de la même manière qu'il avait été « prévu par l'ordonnance de 1787 pour le gouverne- « ment des États-Unis ; ladite ordonnance devant s'ap- « pliquer à toutes les parties du territoire cédé dans « toutes ses dispositions, *excepté celles relatives à la « prohibition de l'esclavage.* »

La découverte de la machine à nettoyer le coton, découverte qui augmenta si rapidement dans les États cotonniers la valeur du travail servile, fit fermer complétement l'oreille des planteurs à toutes les considérations présentées jadis avec quelque succès, en faveur d'une extinction progressive de l'esclavage.

« On voit alors nettement les deux partis se dessiner [1], et quels ferments de discorde la jeune République porte dans son sein. Le Sud et le Nord se surveillent avec une jalousie pleine de défiance : le premier, pour empêcher que son influence politique ne diminue en proportion de l'industrie, de la puissance croissante du Nord et de l'immigration qui s'accumulait sur ses frontières; l'autre pour arrêter l'extension des priviléges exagérés que la Constitution avait accordés seulement aux États originels. »

Il en résultait que, lorsqu'un État à esclaves demandait son admission dans l'Union, un État libre se présentait aussitôt, réclamant la même faveur. C'était une véritable course aux États.

ÉTATS NOUVEAUX ADMIS DANS L'UNION

Libres.		Esclaves.	
Vermont	1791	Kentucky	1792
Tenessee	1796	Ohio	1802
Louisiane	1812	Indiana	1816
Illinois	1818	Mississipi	1817

Dans la session de 1818-1819, le Congrès autorisa l'Alabama, où se concentrait rapidement une population esclavagiste, à se dresser une Constitution ne renfermant aucune prohibition relative à l'esclavage.

Un bill semblable ayant été proposé en faveur du Missouri, James Tallmadge, de l'État de New-York,

1. Bigelow.

présenta à la Chambre un amendement interdisant toute nouvelle introduction d'esclaves, et affranchissant, dès qu'ils auraient vingt-cinq ans, les enfants des esclaves actuels.

De là le différend connu sous le nom de différend du Missouri, lequel, pour la première fois, divisa sérieusement le pays sur la question de l'esclavage.

La discussion fut des plus violentes au sein du Congrès.

Cobb, de la Géorgie, s'écria :

« On a allumé un incendie contre lequel toutes les eaux de l'Océan ne pourront pas prévaloir. Une mer de sang suffira seule à l'éteindre. »

A quoi Tallmagde répondit :

« On nous menace d'une dissolution de l'Union, d'une guerre civile. Eh bien, soit ! Mon existence n'est probablement pas plus assurée que celle d'aucun des citoyens qui m'écoutent ; mais, tant que je vivrai, chacun de mes jours sera consacré à la liberté de l'homme. S'il faut du sang pour éteindre l'incendie que j'aurai, bien à contre-cœur, contribué à allumer, sans hésitation aucune je donnerai le mien. »

Ces paroles prophétiques, Parker, le grand apôtre abolitionniste, les renouvellera plus tard dans une lettre, écrite de Rome en 1859, à M. Francis Jackson. Les conséquences de l'esclavage ont alors compromis l'avenir des États-Unis, tout le monde le sent, chacun attend dans l'anxiété.

« Le peuple américain, dit Parker, va, je pense, marcher au son d'une rude musique, et il vaut mieux pour lui qu'il y songe à temps. Il y a quelques années, il ne semblait pas difficile d'abord d'arrêter l'esclavage, puis d'y mettre fin sans verser le sang. Je crois que maintenant cela ne se peut plus, ni maintenant ni plus tard. Toutes les grandes chartes de l'humanité ont été écrites avec du sang. Un jour, j'espérai que celle de la démocratie américaine pourrait être écrite avec une encre moins coûteuse ; mais, à cette heure, il est visible que notre pèlerinage nous mène à une mer Rouge où plus d'un Pharaon va sombrer ou périr. »

Au point où nous en sommes, l'heure de la lutte n'a point encore sonné. Pour arrêter l'esclavage, éviter la guerre civile, des hommes bien intentionnés vont essayer de ces compromis bâtards qui, en retardant les révolutions nécessaires, ne font que les rendre plus violentes. Au lieu de tuer, par un acte d'énergie, l'institution honteuse qui, comme un ver solitaire, minait la société naissante, absorbait ses meilleures facultés, paralysait son action, empoisonnait sa prospérité et ses richesses, on fit une transaction avec le crime.

« C'est donc par un compromis que se termina le conflit du Missouri, compromis que l'on respecta tant qu'il servit les intérêts de l'esclavage, et que l'on se hâta de violer dès qu'il cessa de les favoriser, ainsi qu'il en était arrivé de l'ordonnance de 1787, relative aux territoires.

« Le Congrès supprima l'article comportant la prohibition de l'esclavage dans l'Etat du Missouri, mais avec cette clause que l'esclavage ne serait plus toléré, à l'avenir, au nord du 36° 30' de latitude.

« Les Etats du Nord acceptèrent ce compromis comme une nécessité politique et pour terminer un conflit qui aurait pu compromettre la paix et la sécurité de l'Union [1]. »

***

Reportons-nous à trente-quatre ans plus tard, au mois de janvier 1854. Lincoln était rentré dans son cabinet, tout entier à sa profession d'avocat, lorsqu'arrive la nouvelle que Stephen A. Douglas, président du comité des territoires au Sénat, et aspirant déjà à la présidence, avait proposé un bill pour l'organisation de deux nouveaux territoires [2], le Kansas et le Nebraska, situés à l'ouest du Missouri et au nord de la latitude 36° 30'. Ce bill, rapportant le compro-

---

1. Bigelow.
2. Le Congrès gouverne les territoires, c'est-à-dire les portions du sol des Etats-Unis, qui n'appartiennent pas aux Etats particuliers.
Dès qu'il y a un certain nombre d'habitants sur un *territoire*, il peut être reconnu et admis à une sorte de noviciat politique dans des conditions réglées par le Congrès où il est représenté par des délégués n'ayant que voix consultative.
Quand le nombre des habitants atteint le chiffre de 60,000, le territoire peut obtenir le titre d'Etat et être admis dans l'Union par le Congrès. Les nouveaux Etats comme les anciens ont le pouvoir exclusif de régler la capacité des votants et des fonctionnaires locaux et la forme de leur gouvernement. La Constitution exige seulement que la forme du gouvernement soit républicaine et qu'aucune loi ou ordonnance ne soit rendue en désaccord avec les lois des Etats Unis.

mis du Missouri, permettait l'esclavage dans une contrée d'où il avait été formellement et à jamais exclu.

Son adoption par le Sénat et la Chambre des représentants causa une vive émotion dans toute l'Union. Il y avait à ce moment des élections dans l'Illinois ; on renouvelait la législature, et la nouvelle législature devait choisir un sénateur pour le Congrès en remplacement de M. Shields, qui avait voté avec M. Douglas en faveur du bill Kansas-Nebraska.

La campagne électorale fut des plus vives, et Lincoln y prit une très-grande part. Deux fois dans les assemblées populaires il se trouva en présence de Douglas.

La première, ce fut à Springfield, le 4 octobre. Cette rencontre a été considérée comme le point culminant de la campagne, et le discours de Lincoln fut acclamé par tous les amis de la liberté et de l'Union.

L'honnête Abe ouvre la discussion, et, dans un langage clair, simple, éloquent, expose les trahisons dont son adversaire s'était rendu coupable et la vanité des raisons qu'il invoque pour justifier sa nouvelle conduite.

« Jadis Douglas appelait le compromis du Missouri
« *un pacte sacré*, et déclarait qu'il ne se trouverait
« jamais une main barbare assez hardie pour le briser.
« Aujourd'hui il prétend qu'en votant le rappel du
« compromis du Missouri, il n'a fait que défendre le
« grand principe de la souveraineté du peuple : il
« désire que les habitants du Kansas et du Nebraska
« soient libres de se gouverner eux-mêmes, comme ils

« en sont capables. Voilà les prémisses qu'il pose et il
« en tire cette conclusion que les citoyens du Kansas
« et du Nebraska ont le droit d'établir l'esclavage
« dans leurs États.

« Mon honorable adversaire prétend que ce serait
« leur faire insulte de les supposer incapables de se
« gouverner eux-mêmes. Ne vous laissez pas prendre
« à ce que ce langage peut avoir de flatteur pour des
« oreilles républicaines; allons au fond de l'argument.
« Qui conteste à l'émigrant de ces nouveaux pays le
« droit de se gouverner à sa guise? Je le lui reconnais
« comme vous. Mais ce que je lui refuse, c'est le droit
« de gouverner aucune autre personne sans son con-
« sentement. »

Les deux adversaires se rencontrèrent une autre fois à Peoria, sans incident particulier à noter.

En ces deux occasions l'avantage resta à Lincoln, et le résultat de l'élection fut la défaite du parti démocratique et l'arrivée à la Législature de députés hostiles à l'introduction de l'esclavage dans les nouveaux territoires situés au-dessus du 36° 30' de latitude. Cette victoire donnait l'assurance d'envoyer au Congrès un sénateur dévoué à la liberté, si l'on pouvait s'arrêter sur le choix d'un candidat. Lincoln était le candidat désigné des Whigs, et M. Judge Trumbull, celui d'une fraction nouvelle, sortie du parti démocratique esclavagiste et qui s'appelait les *Démocrates libres*.

Il y avait là un danger que Lincoln évita en faisant donner les voix de ses amis à M. Trumbull.

III

CAMPAGNE ÉLECTORALE DE 1858. — A. LINCOLN ET STEPHEN DOUGLAS

Les premières rencontres de Lincoln et de Stephen Douglas n'avaient été que des escarmouches. En 1858, l'expiration du mandat de ce dernier, comme sénateur de l'Illinois au Congrès, mit de nouveau en présence ces deux puissants adversaires. Ce fut un véritable tournoi dont le peuple entier des États-Unis suivit avec autant de passion que les combattants eux-mêmes les émouvantes péripéties. Lincoln y conquit devant le pays entier la réputation méritée non-seulement d'un habile polémiste, mais aussi d'un sage politique, inébranlable dans ses principes et courageux même contre ses amis, par lesquels il ne se laissa jamais entraîner hors des voies légales, comme il arrive dans ces luttes ardentes de la politique où trop souvent, pour le malheur de la liberté, la passion succède à la raison et compromet les meilleures causes.

C'était encore la question du Kansas qui agitait l'esprit public et divisait les partis.

Le 4 mars 1857 Buchanam avait pris possession de la présidence.

La Cour suprême venait de décider implicitement par un arrêt que le compromis du Missouri était un acte contraire à la Constitution. C'est l'arrêt mémorable rendu à la requête de l'esclave Dred Scott, à qui ses maîtres refusaient la liberté, quoiqu'il offrît de l'acheter. Dred avait appartenu en dernier lieu à un chirurgien qui l'amena successivement dans diverses localités où il n'y avait pas d'esclavage, d'après le compromis du Missouri, et l'esclave basait là-dessus sa réclamation.

La Cour, après des débats qui duraient depuis des années, débouta Dred de sa demande par le seul motif que les nègres n'étaient pas des citoyens selon la loi fédérale; qu'ils étaient une propriété à la discrétion du propriétaire comme toute autre, et que le fait d'avoir résidé dans un territoire libre ne signifiait rien, le Congrès n'ayant pas plus le droit d'interdire quelque part l'introduction de l'esclavage qu'il n'avait celui de l'abolir là où il existait déjà.

A quelque temps de là, le Kansas demande à être admis comme Etat dans l'Union.

Malgré la décision de la Cour, les défenseurs de la liberté soutiennent la légalité du compromis, et refusent d'admettre que l'esclavage soit toléré par la constitution d'un nouvel Etat situé au-dessus du 36° 30' latitude.

De leur côté, les partisans de l'esclavage, dans le Sud, étaient décidés à ne permettre, sous aucun prétexte, que cette institution fût législativement prohibée dans aucun Etat ou Territoire.

Telles sont les conditions dans lesquelles fut présentée au Congrès (session de 1857-1858) une Constitution pour le Kansas, dont le projet avait été élaboré, en 1856, par une convention tenue à Lecompton.

Les articles de cette Constitution étaient artificieusement conçus, de façon à introduire forcément l'esclavage dans le nouvel Etat, en dépit de la répugnance et du vote même des habitants.

Les républicains l'attaquèrent violemment. Une portion même du parti démocratique recula devant la fraude essayée et Douglas se fit l'interprète de ses sentiments. Mais ici encore on le voit manquer de franchise, ou du moins rester indifférent entre le crime et la justice. Il joue le rôle de Pilate.

« Peu importe, disait-il, que les habitants votent pour ou contre l'esclavage, mais ils doivent avoir le droit de voter pour ou contre la Constitution elle-même. »

La Constitution préparée à Lecompton, fut votée par le Congrès, le 30 avril 1858, et proposée à la ratification du peuple du Kansas. On lui promit, s'il l'acceptait, de grandes concessions de terres. Les offres étaient séduisantes, mais la constitution n'en fut pas moins repoussée à une immense majorité.

Le Congrès se sépare, et Stephen A. Douglas retourne dans l'Illinois pour préparer sa réélection. Son attitude, dans l'affaire du bill Lecompton, le séparait du gouvernement ; la cause républicaine en avait profité, et les partisans des compromis demandaient qu'on lui laissât son siége où il pourrait peut-être rendre encore quelques services, grâce à ces expédients et à ces équivoques dans lesquels il était passé maître.

Mais les républicains sincères de l'Illinois pensaient d'une autre manière. Ils connaissaient leur sénateur. Ils savaient que, sur le point capital de leur programme : *Opposition à l'extension de l'esclavage dans les territoires*, Douglas n'était point avec eux, puisqu'il avait déclaré de la manière la plus positive que *peu lui importait si les habitants du Kansas votaient pour ou contre l'esclavage*. Pour eux, sa conduite dans l'affaire avait été plutôt dirigée par la crainte de perdre toute chance d'être réélu que par des considérations de justice et de légalité. Aussi, malgré l'avis d'hommes importants du pays et des autres États, ils résolurent de le combattre de toute leur énergie, et désignèrent par un vote de la convention [1] d'État tenue à Springfield, le 17 juin 1858, pour candidat au Sénat des États-Unis, l'honnête Abraham Lincoln.

---

1. Les conventions de parti (*caucusses*) sont les comités électoraux qui désignent aux électeurs les candidats aux fonctions publiques. On les appelle *conventions d'Etat* si l'élection a pour objet la magistrature locale ou celle de l'Etat ; *conventions nationales*, s'il s'agit de l'élection du Président.

Le discours de Lincoln devant cette convention dont il était membre fut le commencement de la campagne. Les sentences par lesquelles il débuta contiennent ces paroles célèbres, si souvent citées depuis, par ses ennemis comme par ses amis :

« Une maison divisée contre elle-même, disait-il, ne
« saurait rester longtemps debout. Je crois que ce
« gouvernement ne peut pas supporter la perma-
« nence d'un régime moitié libre, moitié esclave. Je
« ne compte pas que l'Union sera brisée, je ne compte
« pas que la maison tombera, mais je compte qu'elle
« cessera d'être divisée. L'une ou l'autre chose arri-
« vera. »

Lincoln voyait l'avenir terrible que préparaient à son pays les propriétaires d'esclaves, et tous ses discours tendaient à dévoiler les manœuvres par lesquelles ils espéraient arriver à leur but. Que leur fallait-il, au point où en étaient les choses ? Un second arrêt de la Cour suprême, déclarant que la Constitution comportait l'esclavage dans tous les États, comme la décision Dred Scott avait établi qu'elle le faisait dans les Territoires, et c'en était fait de la liberté dans le Nouveau-Monde.

Il devint évident, dès le début, que cette campagne électorale était le commencement d'un duel à mort entre les deux principes que personnifiaient les deux puissants orateurs.

Douglas, au physique comme au moral, était tout le contraire de Lincoln.

Au physique, un petit homme trapu, avec des yeux

brillants, des joues roses, une activité incroyable et un grand talent.

« Voyez-le, disait Lincoln : tout le monde est pour
« lui. Quand on contemple des joues si colorées, des
« yeux si vifs, on en voit sortir des places, des ambas-
« sades, des faveurs ; au contraire, qu'est-ce que vous
« voulez que l'on fasse avec un grand homme osseux,
« triste, dégingandé comme moi ? Rien à espérer, ni
« dîners, ni richesses, ni dignités. »

Douglas, c'était le champion de tous les citoyens du Nord qui sympathisaient avec l'esclavage, de ceux qui le défendaient ouvertement, et plus encore de ceux qui ne se souciaient guère de ses progrès et de ses développements. Ces derniers étaient les plus dangereux. Avec les premiers, on savait au moins à quoi s'en tenir ; ne dissimulant pas leurs desseins, il était plus facile de les combattre. Mais les autres abritaient leur coupable indifférence pour un crime social sous le drapeau de la liberté politique, et plus d'un citoyen, dans les réunions populaires, pouvait se laisser prendre à leurs raisonnements captieux.

Sous l'enveloppe grossière de Lincoln, au contraire, couvait une âme de feu pour la liberté et la justice. Fidèle aux principes des fondateurs de la République, il se rappelait que les promoteurs de la grande Révolution, en arborant le drapeau de l'indépendance, n'avaient fait que revendiquer le droit primordial et naturel qu'a l'homme de se gouverner lui-même.

Ils avaient déclaré qu'ils ne pouvaient être imposés sans leur consentement. Ce principe ne devait-il pas s'appliquer aux hommes tenus dans une perpétuelle servitude ? En affirmant que la *taxation* était inséparable de la *représentation*, n'avait-on pas proclamé le droit plus grand et plus essentiel qu'a tout être innocent et raisonnable au contrôle et à l'usage de ses capacités et facultés et à la jouissance de son propre gain ?

Lincoln résumait en deux mots sa pensée : *Si l'esclavage n'est pas un mal, rien n'est un mal.*

Pour Douglas, qu'on maintienne l'esclavage dans ses anciennes limites, qu'on l'étende à tout le territoire, pourvu que l'Union fût sauvée, le reste importait peu à la prospérité de la République.

Les deux adversaires se rencontrèrent pour la première fois à Chicago, en juillet. Rien n'avait été convenu sur la manière dont on engagerait le combat ; mais, Douglas ayant tenu un meeting le 9 juillet, il était inévitable que M. Lincoln lui répondrait le 10. Une emaine plus tard tous deux parlèrent le même jour, à Springfield, mais devant des auditoires différents ; cela ne suffisait pas à Lincoln, et il adressa à Douglas une lettre dans laquelle il le provoquait à une série de débats contradictoires pendant la durée de la campagne.

Le cartel fut accepté, mais Douglas y mit pour condition de parler le premier dans les quatre premières séances, et le dernier dans les trois autres

Les sept débats contradictoires furent fixés comme suit, dans les principaux centres de population de l'Illinois :

A Ottawa.	21 août.
A Freeport.	27 —
A Jonesboro.	15 septembre.
A Charleston.	18 —
A Galsbourg.	7 octobre.
A Quincy.	13 —
A Alton.	15 —

On peut dire que non-seulement tout l'Illinois, mais le peuple entier des États-Unis assistait à cette grande lutte oratoire, mouvement avant-coureur d'un combat plus terrible. La presse portait les discours des deux champions aux plus lointaines extrémités de l'Union ; on les lisait avec avidité, on les commentait, on les jugeait. Les deux partis comptaient les coups.

A Ottawa, Lincoln dédaigne de répondre aux accusations puériles par lesquelles avait débuté son adversaire: (Il ne releva que plus tard ce qui avait trait à sa conduite pendant la guerre du Mexique.)

Il veut placer d'abord le débat sur son véritable terrain, faire avouer aux hommes du Sud leurs desseins. Rapprochant les faits les plus récents : la guerre du Mexique, le manifeste d'Ostende [1], l'arrêt Dred Scott,

---

1. MM. Buchanan, Mason et Soulé, ministres des Etats-Unis en Angleterre, en France et en Espagne, se réunirent en 1864, à Ostende et discutèrent sérieusement l'acquisition de Cuba à l'Espagne, qui n'avait jamais manifesté l'intention de vendre sa colonie, et, si cela était nécessaire, la conquête par la force. La circulaire émanant de cette prétendue conférence disait en propres termes : « Il est parfaitement clair « pour tout homme qui réfléchit, que par sa position géogra-

le rappel du compromis du Missouri, il démasque cette vaste conspiration qui ne tendait à rien moins qu'à légaliser l'esclavage dans toute l'Union, au Nord comme au Sud, dans les nouveaux comme dans les anciens États.

Puis, prenant à parti son adversaire, il lui disait :

« Vous parlez comme moi de liberté, et il semble « étrange que nous nous combattions en arborant les « mêmes devises. C'est que nous n'entendons pas ce « mot de la même façon.

« Moi, je crois que la déclaration d'indépendance a « eu pour conséquence logique l'affranchissement des « nègres.

« Douglas, en prétendant le contraire, nous fait re- « culer en-deçà de cette ère de justice.

« Quand il permet à un État nouveau d'établir l'es- « clavage, il éteint le sens moral, il arrache l'amour « de la liberté du cœur des citoyens qui tolèrent une « institution si contraire aux droits de l'humanité.

« Son indifférence est d'autant plus coupable, d'au- « tant plus dangereuse, qu'elle prend le masque de la « liberté pour autoriser la servitude. »

« phique Cuba nous appartient naturellement..... Si l'Espa- « gne, sourde à la voix de son propre intérêt et poussée par « un orgueil aveugle et un faux sentiment d'honneur, refuse « de vendre l'île de Cuba aux Etats-Unis, *alors, par toutes les* « *lois divines et humaines, nous avons le droit de l'arracher à* « *l'Espagne, si nous en avons le pouvoir.* »

Dans le nord, cette tentative pour obtenir Cuba parut suscitée, comme le rappel du compromis du Missouri, surtout dans le but d'étendre et de fortifier l'influence esclavagiste aux Etats-Unis.

Il termine sa harangue éloquente, dont nous regrettons de ne donner qu'une esquisse effacée, par une de ces histoires qui lui étaient familières et enlevaient la conviction des auditeurs les plus rebelles.

« Quand un loup veut attaquer un troupeau, il dit
« au troupeau, pour peu qu'il soit un peu adroit : Je
« viens vous délivrer du berger, je suis un libérateur ;
« et quand le berger revient et qu'il veut obtenir du
« troupeau une soumission complète, à son tour il lui
« dit : « Je viens vous délivrer du loup, c'est moi qui
« suis le libérateur. »

« Le libérateur, ajoute Lincoln, ce ne peut être à la
« fois le loup et le berger, il est probable que ce n'est
« ni l'un ni l'autre, que la liberté appartient au trou-
« peau et qu'il n'a pas besoin que personne la lui
« rende. »

Nous ne pouvons suivre Lincoln dans les différentes étapes de sa généreuse campagne. C'était toujours le même sujet, les mêmes arguments de part et d'autre. Disons seulement, pour donner aux lecteurs une idée de la dévorante activité d'une élection aux États-Unis, que Lincoln, en dehors des sept rencontres avec Douglas, prononça plus de cinquante discours dans différentes petites villes.

L'effervescence était extrême ; le pays tout entier avait les yeux tournés vers l'Illinois, et les vœux ardents des amis de la liberté accompagnaient partout Lincoln. Cependant l'honnête Abe n'avait pas à combattre que l'opposition de ses adversaires politiques.

L'action de Douglas sur le sort de la constitution

Lecompton, la haine violente que lui portaient depuis cette époque les chefs de l'aristocratie du Sud, sans compter les influences locales, engageaient beaucoup de républicains à le renvoyer au Sénat. Ils pensaient que c'était la récompense due aux efforts heureux qu'il avait faits, grâce auxquels on n'avait point imposé par surprise au peuple du Kansas une constitution esclavagiste. On y voyait aussi un encouragement pour les démocrates moins avancés qui voudraient imiter son exemple.

Ces considérations prévalurent et Douglas l'emporta. Le vote populaire lui donna bien cinq mille voix de moins qu'à Lincoln, mais Douglas avait la majorité dans la Législature; elle le renvoya au Sénat. — Malgré cette apparente défaite, la lutte avait été féconde en résultats, car le parti anti-esclavagiste était enfin fondé; il avait un chef.

*
* *

Entre la fin de la campagne sénatoriale de 1858 et l'ouverture de la campagne présidentielle de 1860, Lincoln visite plusieurs États de l'Union. Nous le voyons parcourir l'Ohio, le Kansas et l'État de New-York, parlant dans les écoles et dans les clubs, poursuivant partout ses anciens adversaires avec la même logique, le même esprit, la même éloquence.

Chose étonnante, qu'il ait fallu déployer tant de talent, montrer tant de vertus et en fin de compte verser des flots de sang pour démontrer, au dix-neuvième siècle, à un peuple républicain, qu'un vrai partisan de la liberté doit aimer la liberté pour tout le monde, même pour des hommes d'une autre couleur!

IV

1860. — ÉLECTION PRÉSIDENTIELLE. — ABRAHAM LINCOLN EST ÉLU PRÉSIDENT.

L'élection présidentielle devait avoir lieu le 2 novembre.

Le parti républicain formula ainsi son programme (*platform*) :

« Les principes promulgués dans la déclaration d'indépendance et compris dans la constitution fédérale, sont essentiels à la sauvegarde des institutions républicaines.

— « La constitution, l'union et les droits des Etats doivent être et seront maintenus.

— « Le maintien inviolable des droits des Etats, particulièrement du droit qu'a chaque Etat d'ordonner et de contrôler ses propres institutions, exclusivement selon ses propres inspirations, est essentiel à l'équilibre des pouvoirs sur lesquels sont fondées la perfection et la durée de l'organisation politique du pays.

— « Le nouveau dogme suivant lequel la constitution, par sa propre force établit l'esclavage dans un ou dans la totalité des Etats-Unis, est une hérésie politique dangereuse.

— « Le congrès, les législatures locales, les individus, n'ont le pouvoir de donner à l'esclavage une existence légale dans aucun des territoires des Etats-Unis. »

La convention nationale républicaine de 1860 se réunit à Chicago, le 26 mai, dans un immense édifice appelé le Wigwan, que le parti avait fait édifier pour la circonstance. On comptait 465 délégués et six candidats, tous plus connus que Lincoln, notamment MM. Chase, Bakes, Seward. Mais la lutte ne devait être sérieuse qu'entre Lincoln et Seward.

Si l'on avait voté le premier jour, ce dernier l'emportait. On renvoya la séance au lendemain et de nouvelles combinaisons se produisirent. M. Seward avait trop d'attaches politiques avec les hommes de compromis : il fallait un homme nouveau, indépendant, qui ne transigeât plus.

La majorité absolue était de 233 sur 465 votants. Le premier scrutin donna le résultat suivant :

```
MM. Seward. . . . . . . . . . . 173 voix
    Lincoln. . . . . . . . . .  102
    Divers.. . . . . . . . . .  190
```

Au second tour on eut un indice du résultat définitif, quand le président de la délégation du Vermont, laquelle s'était divisée au premier tour, annonça, à l'appel de son nom, que le Vermont donnait ses dix votes au *jeune géant de l'Ouest*, Abraham Lincoln.

RÉSULTAT :

MM. Seward. . . . . 184 voix
Lincoln. 181

Arrive le troisième tour. Chacun pointait avec anxiété les votes à mesure qu'ils se produisaient. Lincoln atteint 230 voix. A ce moment, M. Carter, de l'Ohio, se lève et annonce un changement dans le vote de la délégation de son État, ce qui donne quatre voix de plus à Lincoln. C'était la majorité absolue acquise.

Rien ne peut décrire l'enthousiasme qui accueillit et suivit cette bonne nouvelle. Le canon tonne, les fanfares éclatent, des courriers à cheval partent dans toutes les directions, et le télégraphe va porter le succès des abolitionnistes aux quatre coins de l'Union.

L'émotion est si grande que la Convention est obligée de suspendre ses travaux. Quand elle les reprend, d'autres États avaient changé leurs votes, et le résultat définitif du troisième tour de scrutin donne 354 voix à Abraham Lincoln. Enfin, sur la proposition de Ewarts, du New-York, on décide que Lincoln est, à l'unanimité, choisi comme candidat à la présidence des États-Unis, pour les élections prochaines du 2 novembre 1860.

* * *

Pendant que ceci se passait à Chicago, l'honnête Abe était à Springfield, dans les bureaux du journal de la localité. Vers cinq heures du soir, le directeur du télégraphe lui fait passer un billet ainsi conçu :

M. LINCOLN,

« Vous êtes nommé au troisième scrutin. »

Ses amis l'entourent, le félicitent, et lui, tout silencieux, met le billet dans sa poche et les quitte.

« Où allez-vous donc ? lui dit-on.

— A la maison, répond-il. Il y a là une brave petite femme qui sera bien heureuse de cette nouvelle ; je veux la lui apprendre le premier. »

Le jour suivant arriva à Springfield le comité chargé de lui annoncer officiellement le choix de la Convention de Chicago.

Parmi les membres se trouvait un juge de Pensylvanie, un homme fort grand, et qui regardait Lincoln, homme encore plus grand que lui, avec un œil étrange où l'on pouvait lire à la fois l'admiration et l'envie. Cela n'avait pas échappé au futur président, qui, en serrant la main du juge, lui demanda :

« Quelle taille avez-vous ?

— « Six pieds trois pouces. Et vous, monsieur Lincoln ?

— « Six pieds quatre pouces.

— « Alors, dit le juge, la Pensylvanie doit s'incliner devant l'Illinois. Mon cher monsieur, il y a des années que je désire de tout mon cœur un président que je puisse regarder d'en bas, et je le trouve à la fin dans un pays où je croyais qu'il n'y avait que de petits géants. »

La nomination de Lincoln fut universellement approuvée par le parti républicain. Comme on reconnaissait en lui un homme de fermes principes, un ardent ami de la vérité, on se précipita dans la lutte avec une énergie et un enthousiasme qui étaient de sûrs garants de la victoire, en présence surtout d'adversaires hésitants et divisés.

Les Etats du Maine, du New-Hampshire, du Vermont, du Massachusetts, du Rhode-Island, du Connecticut, du New-York, de la Pensylvanie, de l'Ohio, de l'Indiana, de l'Illinois, du Michigan, de l'Iowa, du Wisconsin, du Minnesota et de la Californie donnèrent à Abraham Lincoln deux millions de voix.

V

LA SÉCESSION. — VOYAGE DE SPRINGFIELD A WASHINGTON. — COMPLOT DE BALTIMORE.

On sait quel fut le résultat de cette élection. Sans aucune provocation de la part du gouvernement fédéral, sans qu'aucun acte agressif ait été tenté contre les droits des états du sud, les chefs esclavagistes proclamèrent hautement le droit de sécession.

La Caroline méridionale se déclare la première.

Les milices de cet état s'emparent, à Charleston, de la douane des Etats-Unis, de l'hôtel des postes, de l'arsenal, ainsi que des forts Pinckney et Moultries, qui défendent la rade. Il ne reste plus à l'Union que le fort Sumter, avec une garnison de quatre-vingts hommes, commandés par le major Anderson.

Le juge fédéral de Charleston, dévoué aux intérêts du sud, refuse de siéger, et les principaux meneurs du mouvement se réunissent à Milledgeville pour s'entendre sur la séparation et les mesures militaires qui devaient en assurer le succès.

Le Congrès allait s'ouvrir le 3 décembre et l'on comptait avec raison sur la neutralité du gouvernement.

« Elu par la coalition des démocrates, M. Buchanan n'osait rompre avec ses anciens alliés : il affectait de voir dans le choix de son successeur un acte agressif contre eux, il cherchait de vains moyens de conciliation, il n'admettait pas la possibilité de la sécession ; il la condamnait et cependant il ne se croyait pas le droit de la réprimer. Les partisans du Sud étaient en majorité dans son ministère et remplissaient la plupart des emplois fédéraux : ils en avaient profité pour favoriser de mille manières les desseins de leurs complices et entravaient toutes les mesures proposées par leurs collègues dévoués à l'Union. L'un d'entre eux,

M. Floyd, ministre de la guerre, avait vendu sur les marchés du Sud une partie des armes qui étaient la propriété de la nation et transporté presque tout le reste dans les arsenaux qui se trouvaient sur le sol des états prêts à s'insurger [1]. »

L'armée fédérale, malgré les réclamations du général Scott, avait été affaiblie et presque anéantie de propos délibéré.

Le secrétaire Toucey, un homme de la nouvelle Angleterre pourtant, avait envoyé toute la marine, à l'exception de quelques vaisseaux, dans des ports éloignés d'où ils ne pouvaient être ni promptement ni facilement rappelés.

Sur les côtes de l'Atlantique et du golfe du Mexique, de Norfolk à la Nouvelle-Orléans, les garnisons de tous les forts avaient été tellement réduites qu'ils se trouvaient à la merci d'un coup de main.

Le 20 décembre, la Convention de la Caroline du sud rendit une ordonnance de sécession déclarant que « l'union existant actuellement entre la Caroline du sud et les autres états, sous le nom d'Etats-Unis d'Amérique, est dès à présent dissoute. »

L'exposé des motifs imaginés par les rebelles pour justifier leur détermination mérite d'être ici rapporté.

« Nous affirmons, disait la Convention, que quatorze
« états ont formellement refusé, depuis de longues
« années, de remplir leurs obligations constitution-

---

[1]. *Histoire de la Guerre civile en Amérique*, par M. le comte de Paris.

« nelles, et nous en trouvons la preuve dans leurs
« propres lois....

« Dans beaucoup de ces états, l'esclave fugitif est
« déchargé de son travail, et dans aucun le gouver-
« nement local ne s'est soumis aux stipulations pres-
« crites par la constitution....

« Ainsi l'union constitutionnelle a été formellement
« brisée et méprisée. »

On ajoutait à tous ces griefs « l'élévation à la haute dignité de président des Etats-Unis d'un homme dont les opinions et les desseins sont hostiles à l'esclavage. »

Que faisait-il, cet homme juste, pendant que la rébellion s'organisait au grand jour, avec la complicité secrète du gouvernement auquel il allait succéder?

Il attendait à Springfield que son heure fût venue, surveillant en silence la trahison de ses adversaires et se défendant avec énergie contre les amitiés spontanées d'une foule de personnages qu'il n'avait jamais connus et qui encombraient maintenant sa modeste lemeure.

« Je suis très-surpris, disait-il à sa femme; je reçois maintenant le sixième de la nation, qui voudrait vivre aux dépens des autres cinq sixièmes. Mais éloignez de moi tous ces solliciteurs; on ne saura qui je veux choisir pour mes fonctionnaires que le jour où je serai installé à la Maison Blanche. »

Ce jour arriva vite.

⁎
⁎ ⁎

Les États esclavagistes avaient suivi l'exemple de la Caroline du Sud.

Le 8 février 1874, l'assemblée de Montgomery votait la Constitution des États confédérés et choisissait pour président et vice-président de la Confédération du Sud, MM. Jefferson Davis et Alexandre A. Stephens.

Le 11 du même mois, l'honnête Lincoln quitte Springfield pour se rendre au poste d'honneur que lui avaient confié ses concitoyens, après avoir adressé aux habitants de sa patrie adoptive ces touchantes paroles d'adieu :

« Mes amis, personne, s'il n'est dans ma situation, ne peut se rendre compte de la tristesse que j'éprouve en me séparant de vous. A ce peuple je dois tout ce que je suis. Ici j'ai vécu plus d'un quart de siècle ; ici sont nés mes enfants ; ici l'un d'eux est enterré. Je ne sais dans combien de temps ni si jamais je vous reverrai.

« Un devoir pèse sur moi, le plus lourd peut-être qui ait pesé sur un homme depuis les jours de Washington. Il n'aurait jamais réussi sans l'aide de la Providence en qui toujours il se confia. Je sens que je ne puis réussir à mon tour sans la même assistance divine qui le soutenait ; et dans le même Tout-Puissant je place mon espérance.

« Vous, mes amis, priez-le de m'aider. Sans lui, pas

de succès; avec lui, le triomphe est certain. Encore une fois, je vous envoie les adieux d'un cœur qui vous est attaché par les liens de la plus profonde affection. »

Il part, accompagné des vœux et des prières de tous. A chaque station, la foule attend son passage comme celui d'un libérateur, acclamant « Lincoln et la Constitution! »

Ce fut une véritable ovation que ce voyage de Springfield à Washington. Dans chaque grand centre de population il est arrêté, fêté, complimenté. Il répond à toutes les députations, et chacun des discours, petit ou grand, qu'il prononce, est un vrai modèle d'àpropos, suivant les lieux, les personnes ou les circonstances.

A New-York, le maire de la cité lui dit toutes les espérances que le peuple loyal des États-Unis avait mises en lui pour le maintien de la Constitution violée par les rebelles.

« Rien, répondit Lincoln, ne saurait me faire consentir à la destruction de cette Union à laquelle notre grande cité maritime de New-York, comme le pays tout entier, doit sa merveilleuse prospérité, tant que l'Union sera consacrée au but pour lequel elle a été établie. Dans ma pensée, le navire est fait pour la cargaison; tant qu'il peut être sauvé avec elle il ne doit jamais être abandonné, à moins que la dernière chance de salut ne soit de jeter par-dessus bord le fret et les passagers. Aussi longtemps donc que la prospérité et la liberté du peuple trouveront un sûr abri dans l'Union, mon dessein bien arrêté est de la défendre et de consacrer toutes mes forces à maintenir la Constitution qui l'a fondée. »

Continuant son voyage, il arrive à Trenton [1], dans l'État de New-Jersey; les citoyens qui l'entourent le voient, avant de leur répondre, tirer de sa poche cet exemplaire meurtri de la *Vie de Washington*, qu'il avait acheté de son professeur par trois journées de travail. Il ne leur dit que ces simples paroles :

« Messieurs, je ne puis passer dans votre État sans me rappeler les grands combats qui s'y sont livrés. J'ai appris à aimer mon pays dans ce petit livre, et, quand je lisais les récits des luttes de nos pères, je sentais bien que ces gens-là se battaient pour autre chose que le triomphe de l'esclavage. »

A Philadelphie, on vient l'avertir que des conspirateurs se préparaient à empêcher son installation, en tentant contre lui, à son passage à Baltimore, un coup de main qui, dans leurs prévisions, pouvait aller jusqu'à l'assassinat.

Sur les conseils du général Scott et du sénateur Seward, il se décide à ne se rendre qu'à une des invitations qu'il avait acceptées, celle qui avait pour objet d'arborer un drapeau sur le monument dans lequel avait été signée la déclaration d'indépendance, en 1776.

On l'introduit dans la salle où s'était accompli cet

---

[1]. Capitale de New-Jersey. En 1776, Washington en chassa la cavalerie des Hessois du comte Donap et fit mille prisonniers. Ce succès et celui de Princeton sauvèrent Philadelphie.

acte mémorable; on lui demande de lever, au moyen d'une corde, le drapeau qui était au-dessus de l'édifice.

« Mes amis, répond-il, vous me priez de lever le
« drapeau sur cet édifice où a été prononcée la décla-
« ration d'indépendance. C'est bien une image de ce
« que je suis. Ce n'est pas moi qui ai fait ce drapeau,
« ce n'est pas moi qui ai fait la machine pour le tenir,
« ce n'est même pas moi qui ai fait la corde pour le
« tirer ; je ne suis qu'un instrument, je ne fais que
« prêter mon bras : c'est la nation qui fait le reste.

« Je me suis souvent demandé, en relisant notre
« Constitution, qu'est-ce qui lui avait valu cette faveur
« d'être à la fois la plus jeune et la plus ancienne des
« constitutions qui soient au monde. Et je me suis
« répondu : c'est que, dans cette Constitution, ses
« immortels auteurs ont écrit le principe admirable
« de la liberté pour tous, et qu'en le faisant, ils ont
« prophétisé non-seulement l'avenir de leur pays,
« mais l'avenir du monde entier. Ils ont annoncé
« qu'un jour viendra où le poids qui pèse sur les
« épaules de tout homme venant en ce monde sera
« allégé, et c'est parce qu'ils ont mis ce principe
« dans leur Constitution que cette Constitution a duré.
« Pour moi, je ne sais pas ce qu'elle deviendra dans
« l'avenir; mais, avant de me faire renoncer à ses
« principes, on *m'assassinera sur place.* »

Cette cérémonie terminée, Lincoln partit pour Harrisburg, où la législature de Pensylvanie le reçut officiellement. A six heures du soir, il montait secrètement dans une voiture qui le conduisit à l'embarcadère où l'attendait un train spécial, et retourna à Philadelphie. Dès que le train se mit en route, les fils télégraphiques furent coupés, afin que le départ du président, quand il serait connu, ne pût être divulgué au loin. A Philadelphie, le président et le marshall Lamon, de Washington, son seul compagnon, montèrent dans un wagon-salon du train pour Washington, et ils arrivèrent dans la capitale fédérale le lendemain 23 février, à six heures du matin.

Une foule immense, dit M. Bigelow, auquel nous empruntons ces détails très-précis, s'était portée à la station de Baltimore, et sa conduite, lorsque passa le train dans lequel, croyait-on, se trouvait le président, ne laissa aucun doute sur les mauvaises intentions du peuple. Les précautions prises par M. Lincoln se trouvaient suffisamment justifiées. Cette preuve manifeste des projets désespérés formés par les ennemis de la nouvelle administration rendit nécessaire la présence, dans la capitale, d'une certaine force militaire pour prévenir les troubles, lors de l'installation du nouveau président.

VI

INAUGURATION DU 4 MARS 1861. — CONSTITUTION DES ÉTATS CONFÉDÉRÉS. — PHILOSOPHIE DE L'ESCLAVAGE.

L'inauguration d'Abraham Lincoln à Washington, le 4 mars 1861, eut lieu sans manifestations hostiles de la part des agents du sud, fort nombreux pourtant dans la capitale.

La cérémonie, très-simple en elle-même, empruntait toute sa solennité à la gravité des circonstances.

On a vu par le portrait que nous avons tracé du nouveau président, et par l'histoire de sa jeunesse et de sa vie politique, qu'il ne possédait aucun de ces avantages que donnent la richesse, l'extérieur, les manières, l'expérience de ce qu'on nomme le monde, et le lecteur comprendra sans peine que l'*honnête Abe* ait été embarrassé, confus, presque honteux, quand, aux acclamations d'une foule enthousiaste et frémissante, il se présenta sur l'estrade, accompagné de M. Buchanan, son prédécesseur, et de son compétiteur Stephen Douglas, pour prêter le serment constitutionnel et s'adresser à l'assemblée du peuple.

« Il s'avance lentement et d'un air inquiet, raconte M. Auguste Polo; il a retiré son chapeau qui lui semble un pesant fardeau; il le fait machinalement passer d'une main dans l'autre ; puis, ne sachant comment en disposer, il le place bravement par terre. Mais, poussé par les juges et les sénateurs qui encombrent la plate-forme, il est contraint d'avancer de plusieurs pas, et, conséquemment, de reprendre le malheureux chapeau, dont M. Douglas, son ancien antagoniste, qui a suivi d'un sourire malicieux ce petit manége, finit charitablement par le débarrasser. »

Cependant, l'agitation se calme sur la place du Capitole. Le sénateur Baker, s'adressant au public, prend la parole en ces termes :

« Permettez-moi de vous présenter Abraham Lin-
« coln, président élu des Etats-Unis. »

De nouvelles et plus bruyantes acclamations se font entendre, auxquelles Lincoln répond en saluant à plusieurs reprises ; puis, quand le silence est rétabli, avant de prêter serment entre les mains du juge Taney, il lit d'une voix ferme et claire, le discours d'usage où il expose, dans les termes les plus conciliants, mais avec beaucoup de fermeté, ses vues sur la situation du pays et les principes qui le dirigeront dans son administration.

Le lecteur n'a pas oublié que les Etats du sud, pour justifier l'acte de sécession, invoquaient, entre autres griefs, l'élévation à la Présidence d'un homme « dont les desseins étaient hostiles à l'esclavage. »

Lincoln proteste énergiquement contre les desseins qu'on lui suppose :

« Loin de moi, dit-il, l'idée de m'immiscer, directement ou indirectement, dans l'institution de l'esclavage dans les Etats où elle est en vigueur. Je pense n'avoir pas ce droit, et je n'ai pas l'intention d'en agir ainsi. Ceux qui m'ont choisi et élu savaient parfaitement que j'avais maintes fois fait une semblable déclaration, et que jamais je ne m'étais rétracté.

« Mais ce que je veux, c'est le maintien de la Constitution.

« Aucun Etat, de son propre mouvement, n'a le droit de se retirer légalement de l'Union.

« Toutes les résolutions ou ordonnances qui concourent à cette fin sont légalement nulles, et tous actes de violence, commis par un ou plusieurs Etats contre l'autorité des Etats-Unis, constituent, suivant la loi, l'insurrection ou la révolution.

« Je pense donc, qu'en ce qui concerne la Constitution et les lois, l'Union n'est pas dissoute; et, dans la limite de mes pouvoirs, je veillerai, comme la Constitution me l'ordonne expressément, à ce que les lois de l'Union soient fidèlement exécutées dans tous les Etats. »

Il termina par un éloquent appel à la conscience et au patriotisme de ses concitoyens égarés :

« Vous qui êtes mécontents, c'est dans vos mains et non dans les miennes que se trouve à cette heure le sort de la guerre civile. Le gouvernement ne vous attaquera pas.

« Vous pouvez éviter un conflit en n'étant pas vous-même les agresseurs. Vous n'avez point un serment enregistré dans le ciel (*oath registred in heaven*) de détruire le Gouvernement ; moi, j'ai solennellement juré de le maintenir, de le protéger et de le défendre.

« Je n'ai point envie de fermer la porte à la conciliation. Nous ne sommes pas des ennemis, mais des amis. Nous ne devons pas être ennemis. Que la passion ne nous pousse pas jusqu'à briser les liens de notre ancienne amitié. »

Après cette adresse au peuple, Lincoln prêta, entre les mains du juge Taney, le serment constitutionnel :

JE JURE SOLENNELLEMENT DE REMPLIR AVEC FIDÉLITÉ LES FONCTIONS DE PRÉSIDENT DES ETATS-UNIS, ET DE FAIRE TOUT CE QUI DÉPENDRA DE MOI POUR MAINTENIR, PROTÉGER ET DÉFENDRE LA CONSTITUTION DES ETATS-UNIS.

Le soir même Abraham Lincoln prenait possession de la Maison-Blanche.

Pendant ce temps, son prédécesseur quittait Washington à destination de Wheatland, sa propriété patrimoniale, n'ayant plus à rendre compte que devant l'histoire de la fidélité avec laquelle il avait tenu le serment qu'il avait, lui aussi, prêté à la Constitution, quatre années auparavant.

**
* **

Les Etats du sud n'admettaient pas le principe posé par Lincoln, qu'*aucun Etat n'a le droit, de son propre mouvement, de se retirer légalement de l'Union.*

Pour le parti séparatiste, l'union fédérale avait fait son temps. Les intérêts des Etats méridionaux demandaient un gouvernement distinct et indépendant, et ceux qui le voulaient étaient libres de se retirer de la Confédération, car l'union n'avait été qu'un contrat *entre* les Etats et non pas, comme l'envisageaient les hommes du nord, un gouvernement placé *au-dessus* des Etats et leur étant par conséquent supérieur.

En conséquence, le congrès des délégués de la Caroline du sud, de la Géorgie, de la Floride, de l'Alabama, du Mississipi et de la Louisiane, réuni le 4 février 1861, à Montgomery, avait adopté, le 11 mars, une nouvelle constitution définitive et permanente qui mettait dorénavant à l'abri de toute discussion, de toute atteinte, l'institution de l'esclavage.

L'ancienne constitution était à peu près muette sur ce point. Il était dit seulement : « que les personnes *tenues à servir ou à travailler* qui tenteraient de s'échapper seraient rendues à leurs maîtres. »

La nouvelle s'exprime en termes nets et clairs. Voici ce qu'on y lit :

« Les citoyens de chaque État auront le droit de transit et de séjour dans tout État de la Confédération avec leurs esclaves; et jamais il ne sera porté atteinte au droit de propriété sur lesdits esclaves.

« Les esclaves ou les individus contraints au service ou au travail dans tout État ou Territoire de la Confédération, d'après les lois locales en vigueur, qui se seront enfuis ou auront été conduits dans un autre État, ne pourront, en conséquence des lois et règlements existant dans ledit État, être déchargés de leur service ou travail, mais seront rendus sur la réclamation des propriétaires desdits esclaves ou de ceux à qui sont dus lesdits service et travail.

« Les États confédérés peuvent acquérir de nouveaux territoires. Dans ces territoires, l'institution de l'esclavage africain, telle qu'elle existe actuellement dans les États confédérés, sera reconnue et protégée par le Congrès et par le Gouvernement territorial ; et les habitants des divers États confédérés et Territoires auront le droit de conduire, dans les territoires acquis, les esclaves qu'ils possèdent légalement dans un des États ou Territoires de la Confédération. »

Ainsi sont tranchées toutes les questions que l'esclavage avait soulevées depuis 1820, et l'on ne se contente pas de légitimer l'institution, on la glorifie.

*
* *

A l'époque où le Missouri demandait à être admis dans l'Union, les députés du Sud représentaient l'esclavage comme une condition malheureuse, mais indispensable de l'existence du nouvel État.

« Son climat, disaient-ils, n'admet que certaines cultures, dont les noirs seuls peuvent supporter la fatigue, et ils ne s'y soumettraient pas dans l'état de liberté.

« L'esclavage existe dans le Missouri, il ne s'agit pas de le créer, mais de le maintenir. La situation de ce pays est la même que la nôtre ; vous ne pouvez attaquer ses droits sans méconnaître ceux de tous les États du Sud, sur un point que la constitution ne vous permet pas de mettre en question. Vous avez admis le Kentucky et le Tenessee avec la clause de l'esclavage, pourquoi traiteriez-vous différemment le Missouri? En vain direz-vous que celui-ci est un État nouveau et non point, comme le Kentucky et le Tenessee, un démembrement des États primitifs qui étaient en possession de l'esclavage. Cette circonstance ne change rien aux nécessités des lieux, et il s'agit ici également, non de créer un droit nouveau, mais d'admettre un fait existant. Le Missouri d'ailleurs faisait partie de la Louisiane, que vous avez admise avec l'esclavage.

« Craignez, si vous prohibez l'esclavage là où vous le trouverez établi, de produire un effet moral dangereux dans les anciens États où il existe, et que la Constitution a voulu couvrir de son égide ; ne trompez pas sa prévoyante sagesse; songez que nous avons deux millions d'esclaves qui, s'ils se sentaient soutenus par vous, peuvent se porter d'un moment à l'autre aux plus cruelles extrémités; souvenez-vous des désastres de Saint-Domingue et ne vous exposez pas aux mêmes horreurs.

« Est-ce notre faute si nos ancêtres nous ont légué cette plaie, et que pouvons-nous faire de plus que de traiter nos esclaves avec humanité et douceur, de manière à rapprocher autant que possible leur sort de celui des cultivateurs libres. L'esclavage, après tout, a existé dans les républiques les plus florissantes de l'antiquité. Il existe encore dans les colonies de toutes les puissances de l'Europe. Pourquoi serait-il interdit davantage chez nous ?

« Laissez là cette question brûlante, dont la discussion est pleine de dangers ; ne nous donnez pas à penser qu'un jour pourrait venir où l'opinion qui nous est contraire, abusant de sa majorité dans le Congrès, prononcerait l'abolition de l'esclavage dans toute l'étendue des États-Unis, car ce jour-là serait le dernier de la Confédération. »

Ainsi l'on invoquait les nécessités agricoles, le fait accompli, le danger social. On faisait appel à la miséricorde, et, dans l'intérêt de l'Union, cet appel était entendu.

L'esclavage était considéré comme un mal nécessaire dont les planteurs du Sud n'osaient pas même prononcer le nom, et qu'ils appelaient leur *institution particulière*.

En 1860, le Sud ayant compris que le Nord se fatiguait de la « *question nègre* » et sentant quelle était la faiblesse de sa position sur le terrain de la tolérance, a cessé de faire appel à la miséricorde des ennemis de l'esclavage.

« Exaspéré, dit M. Edward Lee Childe[1], de ce que

---

[1]. *Le général Lee, — Sa vie et ses campagnes*, — par Edward Lee Childe. Paris, Librairie Hachette et Cⁱᵉ.

le Nord, autrefois son allié (puisqu'il s'était uni à lui en connaissance de cause), lui jetait aujourd'hui à la face une honte dont la responsabilité remontait plus haut dans le passé, le Sud devient accusateur. »

Ce n'est plus comme un fait acquis que les rebelles défendent l'esclavage, ils le justifient comme une institution *raisonnable*, *bienfaisante* et *divine*, une institution d'ordre naturel, meilleure pour l'esclave que la liberté, un système qui ne dépend même pas de la couleur des hommes soumis à l'esclavage et qui convient aussi bien à la race blanche qu'à la race noire.

Le travail servile est représenté comme la condition normale de toute société bien organisée. Il y a une philosophie de l'esclavage professé *ex cathedra*. « L'esclavage n'est point un mal, disent les nouveaux docteurs; c'est la condition qui convient le mieux à la masse de l'humanité. Le noir est nécessairement le premier esclave, parce qu'il est le plus stupide, le moins précieux, le plus facile à capturer; mais le travailleur blanc qui n'a rien à donner au monde dans lequel il est né que le travail grossier de ses bras robustes, est *de fait*, un esclave sur tous les points du globe, et s'il l'*était de droit*, il serait plus heureux qu'il ne peut jamais espérer le devenir avec le système qui prévaut en Europe et dans les États libres de l'Union. »

Cette philosophie devint bientôt un dogme politique et, dans un discours prononcé à Savannah, M. Stephens expliqua ainsi les principes sur lesquels était fondé le nouveau Gouvernement.

« La Constitution des États confédérés a apaisé pour jamais tous les ferments de discorde inhérents à nos institutions, et qui tenaient à l'esclavage africain tel qu'il existe actuellement parmi nous, à l'état particulier du nègre dans notre forme de civilisation. Ce fut la cause immédiate de la dernière rupture et de la présente révolution. Jefferson, dans sa sagesse, avait prévu que ce serait la pierre d'achoppement contre laquelle trébucherait la vieille Union... Il avait la conviction, et les chefs politiques du temps de la formation de l'ancienne constitution la partageaient, que la réduction à l'esclavage de l'Africain était une violation flagrante des lois naturelles ; que cet acte était une faute, en principe et aux points de vue social, moral et politique. Notre nouveau Gouvernement a pour but des idées diamétralement opposées ; ses fondements sont établis, sa pierre angulaire repose sur cette grande vérité que le nègre n'est pas l'égal du blanc, et que l'esclavage, sujétion à une race supérieure, est la condition normale et naturelle du nègre. Notre Gouvernement est le premier dans l'histoire du monde, qui ait pris pour principe fondamental ce fait incontestablement vrai *physiquement, philosophiquement et moralement.* »

*
* *

Deux principes sociaux se trouvaient en présence ; une guerre à mort devait s'ensuivre.

Elle commença le 12 avril 1861.

Le général confédéré Beauregard ouvrit le feu contre le fort Sumter où flottait le drapeau de l'Union. Après un bombardement de vingt-quatre heures, le major Anderson capitula avec tous les honneurs de la guerre et s'embarqua, en destination de New-York, avec toute la garnison.

La rupture était définitive et le sort des batailles allait décider des destinées de la liberté dans le Nouveau-Monde.

TROISIÈME PARTIE

ABRAHAM LINCOLN

PRÉSIDENT DES ÉTATS-UNIS

ABRAHAM LINCOLN

PRÉSIDENT DES ÉTATS-UNIS

I

PRÉPARATIFS DE GUERRE. — FORCES ET RESSOURCES RESPECTIVES DES ÉTATS DU NORD ET DU SUD. — LE GÉNÉRAL LEE.

L'honnête Abe est devenu le premier citoyen de son pays ; — le voilà installé à la Maison-Blanche, président de la République, commandant en chef des armées de terre et de mer des États-Unis, en face d'une guerre civile qui devait prendre des proportions gigantesques, durer plus de quatre années, coûter des milliards d'argent et plus d'un million d'hommes. Ce n'était donc pas sans raison qu'il avait dit à ses amis de Springfield, en les quittant, « que jamais devoir « plus lourd que le sien, depuis les jours de Washing- « ton, n'avait pesé sur les épaules d'aucun homme. » Il aurait pu également ajouter que jamais d'aussi faibles moyens n'avaient été laissés à un chef d'État par son prédécesseur pour entreprendre une aussi grande tâche.

Sous l'administration de Buchanan les hommes du Sud avaient littéralement dévalisé le gouvernement de l'Union.

Un trésor vide; des arsenaux avec leurs dépôts, leurs chantiers et leur matériel, occupés ou détruits; les navires réunis à Norfolk incendiés et presque toute la flotte fédérale dispersée sur tous les points du globe; dans les bureaux des ministères, un personnel de traîtres; sous les drapeaux, à peine assez de soldats fidèles pour mettre la capitale à l'abri d'un coup de main : telles étaient les ressources du pouvoir exécutif au moment où Lincoln en prit les rênes. Et les plus dangereux ennemis n'étaient pas seulement les confédérés. Derrière soi, dans le Nord, restaient des milliers de partisans de la cause du Sud, dont les sympathies actives n'étaient un secret pour personne, et qui se tenaient prêts, au moment opportun, à donner la main aux rebelles.

Toutefois, si rien n'était préparé pour l'attaque et pour la défense, le Nord avait en hommes et en richesses des forces considérables qu'il ne s'agissait que de savoir employer.

D'après le recensement officiel de 1860, les états et territoires du Nord renfermaient une population de 22,877,000 âmes y compris quelques centaines de mille noirs. La population des états confédérés n'était que de 8,733,000, desquels 3,664,000 étaient noirs, de sorte qu'en déduisant ceux-ci de part et d'autre, il restait en chiffres ronds 5,000,000 de blancs pour soutenir la lutte contre 22,000,000.

Les ressources matérielles n'étaient pas moins inégales que le chiffre des habitants respectifs. La région qui formait les états confédérés est plutôt un pays de plantations produisant le coton, le tabac, le riz, qu'un pays d'agriculture proprement dite où l'on trouve le blé, la laine, les bestiaux, les chevaux et tout ce qui contribue à faire vivre de grandes armées.

Le Nord avait, au contraire, des richesses agricoles inépuisables, un commerce qui s'étendait sur tous les marchés et une industrie merveilleusement développée.

Malgré la disproportion des forces, au début le Sud, parfaitement organisé de longue main, eut une incontestable supériorité. Le Nord, qui avait tout à créer, fut lent à user de ses moyens; il subit de sanglants revers, capables de décourager les plus intrépides.

Mais Lincoln avait dans le succès final de la cause de l'Union une foi profonde qu'il fit partager à la masse de la nation.

Le premier acte d'un nouveau président est de choisir son cabinet. Lincoln n'avait pas, comme beaucoup de ses prédécesseurs, pris d'engagements envers certains électeurs influents qui, dans la démocratie américaine, vendent leur concours aux candidats. Pendant le ballottage, à la Convention de Chicago, un de ses amis lui avait écrit par télégraphe : « Vous serez nommé, si vous promettez d'accorder « les places d'*attorney général* et de *directeur géné-*

« *ral des postes* à messieurs X... et Z... » La réponse fut courte, mais claire : « Je n'accepte aucun marché « et je refuse absolument. »

Lincoln s'inspira de ceux-là mêmes qui l'avaient nommé ; il s'adressa aux candidats désignés avec lui par les électeurs, et confia les principaux ministères à ses concurrents, les affaires étrangères à William H. Seward, de New-York, les finances à Salmon P. Chase, la guerre à Simon Cameron, de Pensylvanie, la justice (*attorney général*) à Edward Bates, du Missouri. Les autres postes furent donnés aux hommes les plus distingués de l'Union : à Gédéon Welles, du Connecticut, la marine ; à Caleb B. Smith, de l'Indiana, l'intérieur ; enfin à Montgomery Blair, du Maryland, la direction générale des postes.

*
* *

Avant d'aller chercher les rebelles sur leur territoire, le gouvernement devait assurer la sécurité à l'intérieur, s'armer contre les traîtres et pour cela toucher à une des libertés les plus chères aux Anglo-Saxons, la liberté individuelle.

Aux États-Unis, comme en Angleterre, toute personne arrêtée, sans que les faits motivant son arrestation soient des délits ou des crimes évidents contre le droit commun, a la faculté de demander à être conduite dans le délai de trois jours devant un magistrat chargé d'examiner la criminalité des faits, et qui peut mettre cette personne en liberté pure et simple ou sous caution, ou la maintenir en état d'arrestation.

C'est ce qu'on nomme le privilége d'*habeas corpus*.

Ce privilége, la constitution des États-Unis le consacre formellement, en déclarant toutefois qu'il peut être suspendu lorsque la sûreté publique l'exige, en cas de rébellion ou d'insurrection.

Lincoln crut que les circonstances permettaient à son gouvernement d'employer les mesures extrêmes; tous les individus convaincus ou soupçonnés de trahison furent arrêtés, renfermés dans des forts nationaux par ordre du secrétaire d'État; l'on défendit aux agents militaires de reconnaître aucun rescrit d'*habeas corpus* ayant pour objet l'élargissement des prisonniers.

※

Il fallait pourvoir aux besoins du trésor, pour créer et équiper une armée et une flotte. On émit des bons et des obligations dont le placement se fit, à l'origine, à un taux convenable. Comme monnaie courante, on autorisa l'usage des timbres-poste et des timbres de commerce, en attendant les *greenbacks*, des assignats qui valent aujourd'hui de l'or.

Avec ces ressources le gouvernement acheta des armes à l'étranger, et fit des commandes aux manufactures particulières qui se mirent à travailler sans relâche.

Le ministre de la marine rappela les navires en mission, acheta et commissionna des bâtiments de commerce qui furent équipés en navires de guerre, et le 19 avril 1861 le président proclamait le blocus de tous les ports des États séparés.

Tout cela ne suffisait point. Les Américains, ceux du Nord surtout, n'étaient point un peuple militaire, bien qu'on les eût vus montrer à l'occasion certaines qualités guerrières. L'armée régulière était insignifiante, ses meilleurs officiers appartenaient au sud, et 259 d'entre eux avaient passé dans les rangs des rebelles.

Dès que la prise du fort Sumter fut connue, la formation d'une armée chargée de défendre la constitution fut considérée comme une affaire nationale.

Le 15 avril, le lendemain du bombardement, Lincoln lança une proclamation dans laquelle il demandait aux gouverneurs des différents États de fournir, pour un service de trois mois, 75,000 hommes destinés à contribuer à la réoccupation des forts, arsenaux et autres propriétés fédérales capturées par les séparatistes.

Le 3 mai, après la prise de l'arsenal de Harper's Ferry, en Virginie, le Président fit un nouvel appel de 42,000 volontaires pour un service de trois années ou pour la durée de la guerre et augmenta de 22,714 hommes l'effectif de l'armée de terre, et de 18,000 matelots celui de la marine.

A la fin de l'année 1861, les États-Unis avaient enrôlé environ 640,000 hommes, non compris les 75,000 de milice appelés en avril qui avaient été congédiés après leurs trois mois de service, et 20,000 hommes de l'armée régulière.

Mais ce n'était pas tout d'avoir levé de grandes armées, qui allait-on mettre à leur tête ? Sans doute, de par la constitution, Lincoln se trouvait commandant en chef des forces de terre et de mer; mais, parce qu'il avait guerroyé pendant trois mois contre le Faucon-Noir, il ne se croyait pas pour cela un bien grand capitaine et confia la direction générale des opérations au général Scott, le vainqueur du Mexique. Celui-ci, trop âgé et trop infirme pour tenir la campagne en personne, comprit, devant la gravité des événements, la nécessité de remettre en des mains fermes, habiles et sûres l'exécution de ses plans et fit offrir par le Président Lincoln le commandement effectif de l'armée fédérale à un des officiers supérieurs les plus distingués de la guerre du Mexique, son ami le colonel Robert Lee, de la Virginie, en ce moment campé chez les Indiens du Texas, et qu'on fit mander en toute hâte à Washington.

*
* *

Arrêtons-nous un instant devant l'imposante figure du noble défenseur de Richmond, moins à cause du rôle militaire qu'il va jouer dans la guerre civile, que pour montrer en sa personne le représentant de ce qu'il y a eu de respectable dans la cause du Sud, c'est-à-dire ce patriotisme d'État, qui avait été le premier obstacle à l'union et menaçait encore de la briser, contre lequel il était juste de lutter, mais qu'il est impossible de ne pas respecter quand il s'incarne dans certaines âmes véritablement grandes, sincères et désintéressées. Robert Lee était de celles-là.

*
* *

Lincoln plaçait avant toute chose l'Union et la Constitution ; Lee était Virginien avant d'être citoyen des États-Unis.

On se rappelle l'humble origine du premier, son pauvre logis, son enfance, ses pénibles travaux. Robert Lee, lui, était un vrai gentilhomme.

Les Lee de Virginie descendaient d'une ancienne famille d'Angleterre dont les domaines patrimoniaux étaient situés dans l'Essex. En 1192, nous trouvons un Lionnel Lee, à la tête d'une compagnie de chevaliers, accompagnant Richard Cœur-de-Lion à la troisième croisade. Il se distingue tellement au siège de Saint-Jean-d'Acre qu'à son retour Richard le crée comte de Letchfield, et lui donne la propriété de *Ditchley*, nom que porta par la suite une des terres de Lee en Virginie.

On peut voir encore aujourd'hui à la tour de Londres l'armure que portait Lionnel en terre sainte.

(Si vous voulez un souvenir des exploits de Lincoln, il faut aller à Patent-Office, à Washington, où l'on conserve un modèle de bateau inventé et construit par l'honnête Abe, quand il était bûcheron et batelier.)

Sous Élisabeth, sir Henry Lee était chevalier de la

Jarretière et le titre de comte était encore dans la famille en 1674.

Un Richard Lee vint en Virginie sous le règne de Charles Ier, comme secrétaire de la colonie, et ses descendants jouèrent un grand rôle dans la guerre de l'indépendance. L'un d'eux, le général Henri Lee, contemporain et ami de Washington, rendit les plus grands services dans les opérations qui aboutirent à la reddition de l'armée de lord Cornwallis. Devenu gouverneur de l'armée de Virginie et membre du congrès, il prononça l'oraison funèbre de Washington.

C'est à Stratford, comté de Westmoreland, que naquit Robert Lee, troisième fils du précédent, le 19 janvier 1807, dans une habitation qui ne ressemblait guère à la cabane de Thomas Lincoln.

La maison de Stratford n'était point faite du bois de la forêt. « Les briques dont elle était construite, « les boiseries et l'ameublement, tout venait d'An- « gleterre. La distribution des pièces, le style des « boiseries et des moulures, l'aspect des salles et des « corridors, tout nous reportait au temps des perru- « ques poudrées et des bas de soie.

« Trois générations de gentilshommes avaient passé « par là, et l'enfant avait grandi entouré de portraits, « de parchemins, de souvenirs qui lui retraçaient l'o- « rigine déjà ancienne et la haute position des siens.

« L'enfant voyait, dans une des chambres du ma- « noir, son père malade et grisonnant, naguère l'ami « de Washington et de Greene, écrivant le récit des « batailles, dans lesquelles il avait tiré l'épée. »

Robert Lee[1] ne fut point obligé comme Lincoln de faucher pendant trois jours les prés d'un maître d'école pour pouvoir à son aise lire la vie de Washington : c'est peut-être la raison qui fit que le gentilhomme comprit moins bien que l'enfant du peuple où était le devoir d'un loyal citoyen, le jour où la guerre civile éclata.

Tous deux pourtant invoquent dans leurs lettres et leurs discours le souvenir du *père de la patrie*, ou pour mieux dire il semble qu'ils évoquent sa grande âme et lui demandent des inspirations et des conseils.

Voici ce qu'écrivait Lee, de Fort-Mason (Texas), le 23 janvier 1861.

« J'ai reçu la *Vie de Washington* par Everett.
« Combien ce grand esprit souffrirait de voir ainsi ce
« naufrage de ce qu'il avait fondé avec tant de peine !
« Je me refuse cependant à croire, tant qu'il reste
« un rayon d'espoir, que tous les fruits de cette belle
« existence doivent périr, et que ses sages conseils et
« l'exemple de ses vertus doivent être sitôt oubliés
« par ses concitoyens. Autant que j'en puis juger par
« les journaux, nous sommes en pleine anarchie et à
« la veille d'une guerre civile. Puisse Dieu éloigner de
« nous ces deux fléaux ! Il faudra bien des années
« pour que les hommes soient assez chrétiens pour

---

1. Arrivé au grade de lieutenant au corps du génie, après être sorti de l'école militaire de West-Point en 1829, Robert Lee épousa, en 1832, Mary fille de George Washington Parke Custis, petit-fils de la femme de Washington et fils adoptif de ce dernier.

« se passer de lois sévères et d'appels à la force. Je
« vois que quatre Etats se sont retirés de l'Union ;
« quatre autres apparemment vont suivre leur exem-
« ple. Si les Etats frontières sont entraînés à leur tour,
« moitié du pays sera rangée contre l'autre moitié. Il
« me faut être patient et attendre la fin, car je ne puis
« rien ni pour hâter ni pour retarder les événements.»

Cette fin qu'il attendait, c'était le parti que prendrait dans le conflit la Virginie, qui fut la dernière à quitter l'Union. Cette séparation accomplie, Robert Lee crut que son devoir était d'associer sa destinée à celle de son pays natal et il refusa les offres de Lincoln et du général Scott.

« Mon mari a versé des larmes de sang sur cette
« malheureuse guerre, écrit Mme Lee à une amie :
« mais, comme homme et comme Virginien, il doit
« partager les destinées de son Etat, qui s'est prononcé
« solennellement pour son indépendance. »

Qu'on remarque bien les termes de cette lettre : ce n'était pas l'esclavage, mais l'indépendance de son Etat que Lee se croyait obligé de défendre. Il ne partageait aucunement les théories politiques de Jefferson Davis et de Alexandre Stephens, qui voulaient faire de la servitude humaine la pierre angulaire de la république nouvelle. Ses idées sur ce sujet sont nettement exprimées dans une lettre écrite en 1856 :

« Bien peu de personnes, disait-il, dans ce siècle

« éclairé, se refuseront à reconnaître, je pense, que
« l'esclavage ne soit un mal moral et politique dans
« n'importe quel pays. Inutile de s'étendre sur tout
« ce qu'il a de mauvais. A mes yeux la race blanche
« en souffre encore plus que la race noire..... »

Il pensait toutefois qu'il était défendu par les lois de toucher à cette institution et qu'il fallait attendre du temps le remède à un mal si profond.

« Tout en nous rendant compte, ajoutait-il, que
« l'abolition éventuelle et finale de l'esclavage est en
« bonne voie, et tout en donnant à cette bonne œuvre
« le secours de nos prières et de tous les moyens
« honnêtes et justifiables en notre pouvoir, il nous en
« faut laisser le développement et le résultat entre
« les mains de Celui qui voit la fin de toute chose, qui
« préfère agir par des influences lentes, pour qui
« deux mille ans ne sont qu'un seul jour. »

Les véritables motifs qui ont décidé la conduite du colonel Lee se retrouvent encore dans la lettre suivante adressée à sa sœur aînée, dont le mari avait des opinions très-prononcées en faveur du Nord.

Arlington, Virginie, 20 avril 1861.

« Aujourd'hui nous nous trouvons en pleine guerre,
« et il n'y a plus de remède. Bien que je ne voie pas
« la nécessité de cet état de choses, et bien que j'eusse

« encore patienté et plaidé jusqu'à la fin pour obtenir
« justice, que les griefs soient fondés ou non, il fallait
« me décider à prendre les armes contre l'État ou me
« ranger de son côté. Or, malgré tout mon dévoue-
« ment pour l'Union et mes sentiments de loyauté
« comme citoyen américain, je n'ai pu me résoudre à
« lever la main contre mes proches, contre mes en-
« fants, contre le lieu de ma naissance..... »

C'était chez Lee non-seulement une question de sentiment, mais un véritable point de droit. Dans sa conviction, chaque État en se retirant de l'Union entraînait avec lui tous les citoyens de cet État, l'État étant responsable et non les individus. D'où cette conséquence que l'acte de sécession, ainsi que toutes les autres ordonnances de l'État qui avaient amené les hostilités entre ce dernier et le gouvernement central, autorisaient les citoyens à porter les armes contre les États-Unis.

Lee envoya sa démission de colonel de l'armée fédérale ; elle fut acceptée le 20 avril. Quelques jours après, le gouvernement de Richmond le plaçait à la tête de toutes les troupes virginiennes.

« En mai 1861, le général Lee avait cinquante-quatre ans. Toutes ses facultés étaient arrivées à leur complet développement. De taille élancée, il avait encore à cette époque le maintien un peu raide qui lui venait de son éducation militaire ; mais peu à peu son aspect changea et fit place à un air grave et réfléchi, résultat des lourdes responsabilités du commandement en chef.

Les rudes epreuves de la guerre civile n'avaient pas encore blanchi ses cheveux. Sa moustache était noire; le reste de sa barbe était rasé de près. Ses beaux yeux d'un bleu clair, pleins de douceur et de bonté, brillaient sous ses sourcils noirs. On ne pouvait rencontrer ce regard sans l'aimer. D'une tempérance presque absolue, il buvait rarement autre chose que de l'eau et était d'une indifférence complète pour ce qu'il mangeait. Jamais aucun excès n'avait affaibli sa robuste vigueur. Grave, silencieux, se renfermant en lui-même, il donnait à qui le voyait pour la première fois l'idée d'un homme doué de peu de sensibilité. Sa sincérité, sa franchise dans toute circonstance, son cœur grand et généreux, plein d'honnêteté et d'une admirable simplicité, ne purent être connus que pendant la guerre [1]. »

*
* *

Le plébéien Lincoln allait donc avoir pour adversaire le plus noble des gentilhommes, adversaire digne de lui, car Robert Lee fut le représentant le plus capable et le plus vertueux de l'aristocratie américaine.

---

[1]. ÉDOUARD LEE CHILDE, *Vie et campagnes de Robert Lee.* — Librairie Hachette et Cie, 1873.

II

LA POLITIQUE ET LA GUERRE. — LE GÉNÉRAL MAC-CLELLAN. —
ÉMANCIPATION DES NÈGRES APPARTENANT A DES REBELLES.

La vie d'Abraham Lincoln, depuis son élévation à la présidence, se mêle d'une façon si intime à l'histoire générale des Etats-Unis, que, pour bien la faire connaître, l'auteur devrait presque raconter tout entière cette gigantesque guerre civile qui se termina par la soumission du Sud et l'abolition de l'esclavage. Mais ce sujet est trop vaste pour le cadre qu'il s'est tracé, et n'entre pas dans son principal dessein qui est surtout de montrer l'honnête homme dans le grand citoyen. Aussi ne trouvera-t-on, dans cette dernière partie du livre, que ce qu'il est nécessaire de savoir des faits politiques et militaires pour mieux apprécier la conduite et le caractère du petit pionnier arrivé à la première magistrature de son pays, après avoir passé par tous les degrés de la hiérarchie sociale.

*
* *

Politiquement, la lutte se divise en deux périodes distinctes.

Dans la première, le président, fidèle aux engagements que contient son adresse du 4 mars, ne demande à la force des armes que le moyen de faire rentrer dans l'Union les Etats qui en sont sortis, et repousse toute idée d'immixtion dans l'institution de l'esclavage.

Mais, après deux années de luttes sanglantes, quand toute espérance de retour des Etats du sud à l'Union fut définitivement perdue, le gouvernement considéra comme une nécessité, comme une mesure de guerre indispensable au salut public, de confisquer tous les esclaves qui appartiendraient à des individus encore en état de rébellion le 1ᵉʳ janvier 1863.

C'est le 23 septembre 1862 que Lincoln annonça cette résolution par une proclamation célèbre qui portait pour titre :

Acte pour étouffer l'insurrection, pour punir la trahison et la rébellion, pour saisir et confisquer les biens des rebelles et pour d'autres fins.

Le 2 décembre suivant, dans son message annuel, il recommandait au Congrès les amendements suivants à la Constitution :

« Art. 1ᵉʳ. Chacun des Etats où l'esclavage existe actuellement, qui abolira cette institution à un moment quelconque avant le 1ᵉʳ janvier 1900 de Notre-Seigneur, recevra une compensation en titres de rentes des Etats-Unis..............................

« Art. 2. Tout esclave qui aura pratiquement joui de sa liberté à un moment quelconque avant la fin de la rébellion, demeurera libre ; mais tous les maîtres de ces esclaves qui n'auront pas été déloyaux seront indemnisés..............................

« Art. 3. Le Congrès pourra allouer des crédits et prendre d'autres dispositions pour coloniser les personnes de couleur libres, avec leur consentement, sur un des points quelconques situés hors des Etats-Unis. »

Enfin, le 1er janvier 1863, les Etats rebelles n'étant point rentrés dans l'Union, la mesure annoncée le 23 septembre précédent était déclarée exécutoire par l'acte suivant :

Proclamation du président des États-Unis d'Amérique.

Washington, jeudi 1er janvier 1863.

« Attendu que le 22e jour de septembre de l'an de Notre-Seigneur 1862, une proclamation publiée par le président des Etats-Unis stipulait entre autres dispositions :

« Que le 1er janvier de l'an de Notre-Seigneur 1863, les personnes possédées comme esclaves, dans tout Etat ou toute portion d'Etat dont la population se trouvera en rébellion contre les Etats-Unis, seront à partir de ce moment et pour toujours libres :

« Que le pouvoir exécutif des Etats-Unis, y compris les autorités de terre et de mer, devra reconnaître et protéger la liberté de ces personnes, et ne mettre obstacle en aucune manière aux efforts qu'elles pourraient faire pour obtenir leur liberté effective;

« Que ledit premier janvier, le pouvoir exécutif désignera, par une proclamation, les États ou portions d'État dans lesquels la population sera en rébellion contre les États-Unis ;

« Que le fait qu'un État ou sa population sera, ce jour-là, représenté de bonne foi au Congrès des États-Unis, par des membres choisis à des élections auxquelles aura participé la majorité des électeurs légalement désignés, sera, à défaut de preuves suffisantes établissant le contraire, considéré comme un témoignage concluant que cet État ou sa population n'est pas en rébellion contre les États-Unis ;

« Moi, Abraham Lincoln, président des États-Unis, en vertu des pouvoirs dont je suis investi comme commandant en chef des armées de terre et de mer des États-Unis, en ce temps de rébellion armée contre l'autorité et le gouvernement des États-Unis, et comme mesure de guerre convenable et nécessaire pour la répression de ladite rébellion, aujourd'hui, premier jour de janvier de l'an de Notre-Seigneur 1863, conformément à ce que je me suis proposé de faire après le délai de cent jours pleinement écoulé depuis la date de l'ordre ci-dessus mentionné, je proclame publiquement et je désigne comme États ou portions d'État dont les populations respectives sont aujourd'hui en rébellion contre les États-Unis :

« L'Arkansas, le Texas, la Louisiane, — à l'exception des paroisses de Saint-Bernard, Plaquemines, Jefferson, Saint-Jean-Baptiste, Saint-Charles, Saint-Jacques, Ascension, Assomption, Terre-Bonne, Lafourche, Sainte-Marie, Saint-Martin et Orléans, y compris la ville de la Nouvelle-Orléans ;

« Le Mississipi, l'Alabama, la Floride, la Géorgie, la Caroline du Sud, la Caroline du Nord, la Virginie, — à l'exception des quarante-huit comtés compris sous la dénomination collective de Virginie-Occidentale, ainsi que les comtés de Berkeley, Accomac, Northampton, Élisabeth-City, York, Princesse-Anne et Norfolk, avec les villes de Norfolk et de Portsmouth.

« Les portions d'État exceptées resteront, pour le présent, comme si cette proclamation n'avait pas été publiée.

« Et, en vertu des pouvoirs et dans le but ci-dessus indiqués, j'ordonne et je déclare que toutes personnes retenues comme esclaves dans les États ou portions d'État désignés sont libres à partir de ce jour, et que le gouvernement exécutif des États-Unis, comprenant les autorités militaires et navales, reconnaisse et maintienne la liberté desdites personnes.

« J'enjoins aux personnes ainsi déclarées libres de s'abstenir de toute violence, excepté dans le cas de légitime défense, et je leur recommande de travailler loyalement, autant qu'elles le pourront, moyennant des salaires raisonnables.

« Je déclare, de plus, et je fais connaître que ces personnes, si elles se trouvent dans les conditions convenables, seront acceptées dans le service de l'armée des États-Unis, pour former les garnisons des forts, pour garder les positions, les postes et autres places, ainsi que pour servir à bord des navires de guerre de toutes sortes.

« En agissant ainsi, je crois sincèrement accomplir un acte de justice, rester dans les prescriptions de la Constitution, obéir aux nécessités militaires, et j'invoque le jugement réfléchi de l'humanité et la grâce du Tout-Puissant.

« En foi de quoi, je signe la présente de ma main, et j'y fais apposer le sceau des États-Unis.

« Fait en la ville de Washington, le premier jour de janvier de l'an de Notre-Seigneur mil huit cent soixante-trois, et le quatre-vingt septième de l'indépendance des États-Unis d'Amérique.

ABRAHAM LINCOLN.

Par le Président,
WILLIAM H. SEWARD.

*
* *

La politique de Lincoln touchant l'émancipation mérite une attention particulière, parce qu'elle fut tout à la fois très-loyale et extrêmement habile. Il déteste l'esclavage, mais veut rester sur le terrain de la tolérance et de la Constitution. Seulement, avec la perspicacité et la sagesse d'un véritable homme d'État, il comprend tout de suite que l'esclavage ayant été la cause de la rébellion, la rébellion sera le tombeau de l'esclavage, et il veut que le suicide de cette institution soit consommé par les propriétaires d'esclaves eux-mêmes. En effet, si les États rebelles étaient rentrés dans l'Union entre le 23 septembre 1862 et le 1ᵉʳ janvier 1863, l'esclavage n'était point aboli.

Une lettre que Lincoln écrivit en 1864, mettra bien en lumière la politique de son gouvernement.

A M. A. G. Hodges, de Francfort (Kentucky).

Washington, 4 avril 1863.

« Vous me demandez, mon cher Monsieur, ce que j'ai dit l'autre jour en votre présence au gouverneur Bramlette et au sénateur Dixon. Le voici à peu près.

« Je suis naturellement anti-esclavagiste. Pour moi, si l'esclavage n'est point injuste rien n'est injuste, et je ne me rappelle pas un moment de ma vie où je n'aie point vu, pensé, senti de cette façon. Cependant je n'ai jamais imaginé que la Providence m'eût conféré le droit illimité d'agir officiellement d'après mes sentiments et mon jugement. Le serment que j'ai prêté me commandait d'employer les meilleurs moyens pour conserver, protéger et défendre la Constitution des États-Unis. Je ne pouvais prendre la fonction sans prêter le serment, et il n'entrait pas dans mes principes de violer, étant au Pouvoir, le serment qui me l'avait mis en main. J'ai compris également que, dans la pratique de mon administration *civile*, il m'était défendu d'écouter mes sentiments particuliers sur la question de l'esclavage considérée au point de vue moral. J'ai déclaré cela maintes fois et en maintes circonstances, et j'affirme que jusqu'à ce jour aucun de mes actes n'a été dicté par mon jugement et mes sentiments sur cette institution.

« Je compris cependant que mon serment de conserver la Constitution, au mieux de mon pouvoir, m'imposait également l'obligation de préserver, par tous les moyens indispensables, le gouvernement de la nation dont cette Constitution était la loi organique.

« Était-il possible, pour conserver la Constitution, de laisser périr la nation ?

« C'est la loi générale qu'il faille, tant qu'on le peut, protéger aussi bien les membres que le corps. Seulement quelquefois on coupe un des membres pour sauver le corps ; mais jamais le sage ne songera à donner sa vie pour sauver un de ses membres.

« Je pense donc que des mesures qui autrement seraient inconstitutionnelles, peuvent devenir légitimes quand elles sont indispensables au salut de la nation. Juste ou injuste, j'accepte ce principe et je le professe. Je ne puis admettre que j'aurais, au mieux de mon pouvoir, véritablement tenté de sauver la Constitution, si, pour l'esclavage ou quelque autre intérêt secondaire, je laissais sombrer tout ensemble le gouvernement, le pays et la Constitution.

« Lorsqu'au commencement de la guerre le général Frémont essaya une émancipation militaire, je lui défendis d'en agir ainsi, parce que je ne pensais pas que ce fût alors une nécessité indispensable.

« Quand, un peu plus tard, le secrétaire de la guerre, M. Cameron, suggéra l'idée d'armer les nègres, je combattis également cette idée comme inopportune.

« Quand, vers le même temps, le général Hunter essaya aussi une émancipation militaire, je m'y opposai de nouveau, parce que la nécessité n'était point encore impérieuse.

« Au contraire, en mars, mai et juillet 1862, je fis de chaleureux et réitérés appels aux États frontières (*Border-States*) restés fidèles pour les engager à accepter l'émancipation de leurs nègres avec indemnité, parce que je commençais à penser qu'il allait falloir armer les noirs pour le succès de la guerre. Ces États déclinèrent ma proposition et alors je me vis dans cette alternative ou d'abandonner l'Union, et avec elle la Constitution, ou de m'emparer d'une main ferme de l'élément de couleur. En le faisant j'espérais plus gagner que perdre, et cependant je n'avais pas une entière confiance dans ce moyen.

« Une année d'expérience est venue me rassurer. Nous n'avons rien perdu dans l'estime de la nation, de l'armée, de l'étranger, et nous avons gagné 130,000 soldats, marins et travailleurs. Voilà des faits palpables et sur lesquels, comme faits, il n'y a pas à épiloguer. Nous avons les hommes et nous n'aurions pas pu les avoir sans prendre la mesure. Que celui qui veut le maintien de l'Union et blâme l'armement des noirs fasse cette expérience, qu'il écrive sur une ligne : *Il faut dompter la rébellion par la force des armes*, et sur la suivante : *Il faut enlever à la cause de l'Union 130,000 nègres armés et les replacer là où ils seraient s'ils n'avaient point été émancipés*, — et je le mets au défi de tenir tête à cette vérité, que sans la mesure prise par le gouvernement la cause de l'Union se trouvait compromise.

« J'ajoute un mot qui n'a point été prononcé dans la conversation. Le récit qui précède n'a point été dicté par le désir d'être complimenté sur ma sagacité. *Je n'ai point la prétention d'avoir gouverné les événements, je confesse au contraire bien haut que j'ai été dirigé par eux.*

« Aujourd'hui, après trois années de luttes, la situation n'est plus ce que les partis ou les hommes avaient projeté et attendu : Dieu seul revendique ses droits. Le but vers lequel il nous mène semble manifeste. S'il entre dans sa volonté de chasser de la terre une grande injustice ; s'il veut que nous, hommes du nord, comme vous, hommes du sud, nous payions chèrement notre complicité dans le mal, l'histoire impartiale n'y verra qu'une cause de plus pour reconnaître et bénir la justice et la bonté du Tout-Puissant. »

*
* *

A dater de l'émancipation des nègres les affaires prennent une face toute nouvelle. On a pu voir par la lettre qui précède que les généraux de l'armée du nord voulaient mêler la politique à la guerre. Frémont, Hunter, Cameron étaient des *abolitionnistes* purs, des républicains radicaux. A la tête de l'armée du Potomac se trouvait Mac Clellan, grand organisateur, habile tacticien, que ses admirateurs nommaient le *jeune Napoléon*, mais qui avait le très-grand tort, aux yeux du gouvernement, de se mettre au-dessus de la discipline et de se faire chef de parti au lieu de rester général.

Le président Lincoln et le général Mac Clellan s'étaient à l'origine parfaitement entendus, quoique de caractères différents; quoique le second, dévoué au parti démocratique, eût combattu l'élection du premier. Souvent le soir, à l'improviste, seul et à pied, Lincoln arrivait dans la petite maison qui servait de quartier-général à l'armée du Potomac, s'intéressant à tous les détails de l'administration militaire, aux plans d'opération, à la discipline des soldats et à leur bien-être. Il aidait et encourageait le jeune officier de tout son pouvoir et faisait grand cas de son opinion sur la conduite de la guerre.

Enivré de quelques succès militaires, poussé par de dangereux amis, Mac Clellan ne tarda pas à prendre envers le cabinet de Washington une attitude qui le fit soupçonner de trop de complaisance pour le Sud.

Il écrivait, en 1862, au président pour lui tracer une ligne de conduite, lui recommander de ne pas intervenir entre le maître et l'esclave. « En adoptant, lui disait-il, surtout en ce qui regarde l'esclavage, le programme des radicaux, nous verrons rapidement se dissoudre toutes nos armées. »

Les amis du *jeune Napoléon* disaient tout bas qu'une grande victoire de l'armée du Potomac permettrait à son chef de jouer le rôle de médiateur, d'imposer la paix aussi bien au gouvernement de Washington qu'à celui de Richmond.

La conduite de Mac Clellan était bien faite pour justifier de pareilles suppositions, car non-seulement il considérait comme non avenus les ordres qui lui arrivaient de Washington, mais il blâmait publiquement la politique du cabinet.

Par un long ordre du jour daté du 7 octobre [1], le chef de l'armée du Potomac, qui tenait tous ses pouvoirs du président, se permit de commenter la proclamation présidentielle d'affranchissement du 23 septembre de manière à faire croire que les troupes étaient mécontentes d'un acte qui satisfaisait au contraire la masse de l'armée, composée en grande partie d'abolitionnistes; il ne craignit même pas de blâmer indirectement le président, tout en affectant de recommander à ses soldats la soumission à l'autorité civile. « Lorsque des erreurs politiques sont commises, disait-il dans son ordre du jour, le remède doit en être cherché seulement dans l'acte souverain du peuple parlant par la voix du scrutin. »

Le gouvernement fédéral, plus fort et plus résolu depuis la proclamation de Lincoln, décida que l'armée

---

[1]. 1862.

désormais serait uniquement employée à son œuvre de guerre et que les chefs, même les plus illustres, n'interviendraient plus dans les affaires de la République.

C'est la seconde partie de la lutte qui commence, la plus glorieuse, la plus féconde, avec Grant, Sherman et Sheridan, dignes adversaires de Lee, de Beauregard et de Johnston.

*
* *

Le 5 novembre Mac Clellan, après sa proclamation intempestive, était renvoyé dans ses foyers.

Nous laisserons le *jeune Napoléon*, devenu simple citoyen, travailler au renversement du président, pendant que ses successeurs luttent d'énergie et de talent pour le triomphe de l'Union, et nous irons voir ce que faisait l'honnête Lincoln à la Maison-Blanche.

III

ABRAHAM LINCOLN A LA MAISON-BLANCHE

La Maison-Blanche est une habitation très-simple, très-modeste, qui sert d'hôtel aux présidents des Etats-Unis : véritable maison de verre où tout le monde entre et est admis, l'ambassadeur et le négociant, le sénateur et l'ouvrier, les étrangers comme les nationaux. Aussi la vie du souverain temporaire qui réside là est-elle percée à jour.

Lincoln fut encore plus en proie que ses prédécesseurs à la curiosité publique ; son humble origine et la gravité de sa mission suffisent pour l'expliquer. On connut donc bien vite les habitudes du nouveau président qui, du reste, n'avait rien à cacher.

Il se levait à cinq heures du matin en été, à six heures en hiver, et consacrait deux ou trois heures à dépouiller sa volumineuse correspondance particulière et à parcourir les journaux. A neuf heures il déjeûnait et se rendait ensuite au bureau de la guerre, pour connaître les nouvelles apportées par le télégraphe et causer de la situation militaire avec le général Halleck. De retour à la Maison-Blanche, il appelait son secrétaire auquel il dictait les réponses à faire à certaines lettres, retenant les autres pour y répondre lui-même.

Le mardi et le vendredi étaient les jours de conseil des ministres. Tout le reste de la semaine, les portes étaient ouvertes depuis midi à tous les visiteurs, pour la plupart des curieux ou des solliciteurs. Neuf sur dix appartenaient à cette dernière catégorie.

Lincoln écoutait avec une bienveillance infatigable. Les soucis, les angoisses qui se peignaient sur sa physionomie ne l'empêchaient pas d'être tout entier à son interlocuteur, et de temps à autre une anecdote lui revenait, un éclair de bonne humeur jaillissait de ses yeux, accompagné d'un éclat de rire sonore. Sa manière d'exprimer ses pensées était si naturelle, si franche qu'on ne se souvenait point d'avoir entendu rien de plus cordial et de plus affectueux de la part d'un ami. Il ne faisait point montre de ses connaissances juridiques et s'abandonnait rarement aux propositions purement spéculatives; ses idées se présentaient sous une forme toujours pratique, illustrées par des images enjouées et des allusions plaisantes qui venaient avec tant d'à-propos qu'on n'aurait pas compris qu'il pût s'exprimer autrement.

Vers quatre heures, le président cessait de recevoir et allait souvent faire une promenade en voiture avec sa femme et ses enfants. D'autres fois il montait à cheval, exercice qu'il aimait beaucoup.

Le dîner avait lieu à six heures, et il était rare que Lincoln n'eût pas à sa table quelques amis personnels, d'anciens camarades du vieux Kentucky, avec lesquels il oubliait les pesants soucis de sa charge. L'Européen reçu dans ces soirées intimes était assez surpris qu'on le rendît témoin de la parfaite égalité qui régnait dans le salon du Président. Quelques-uns de ses hôtes l'appelaient *monsieur le Président*, mais le plus grand nombre disait *monsieur*. Lincoln parlait peu et semblait mieux aimer écouter les autres que les entretenir; mais quand il parlait, ses remarques étaient toujours pleines de sens et de finesse. A le voir, vous n'auriez pas reconnu de suite ce qu'un Anglais nomme un gentleman, mais vous n'auriez point osé affirmer qu'il n'en fût pas un, parce qu'on trouvait en lui cette absence de prétention et ce désir d'être courtois et affable envers chacun, qui sont l'essence sinon l'enveloppe des gens bien nés.

Tout en payant largement ses devoirs au monde, l'excellent homme savait trouver des heures de liberté et dérouter la curiosité. On le croyait à Washington et il était à l'armée du Potomac, chez Mac Clellan ou chez Grant. Il partait seul, la nuit, pour aller prendre des nouvelles sur place, si les dépêches ne l'avaient point satisfait; puis après, il s'asseyait sous la tente, entre quelques officiers, au coin du feu, écoutant les récits des anciens soldats du Mexique, ou répétant aux plus jeunes, avec sa bonhomie habituelle, une de ses anecdotes favorites.

*
* *

Ses amis les plus intimes ne lui connaissaient pas de défaut. Fumer, boire, jouer, jurer, étaient choses inconnues pour Lincoln qui, loin de s'en vanter, en était presque honteux. Un jour en effet, dans une soirée où tout le monde fumait excepté lui, quelqu'un fit la remarque tout haut que le *Président n'avait pas de vices*. — « Voilà un compliment douteux que vous me faites, observa ce dernier. Je me souviens qu'un jour, dans un théâtre en plein vent, un homme assis à côté de moi m'offrit un cigare. Je refusai en ajoutant que je n'avais pas de vices. Mon homme ne dit rien, fuma quelque temps encore, et, quand il eut fini, grogna, sans me regarder, ces paroles que j'entends encore : — *J'ai éprouvé que ceux qui n'ont pas de vices ont diablement peu de vertus.* »

* * *

Lincoln était un homme d'esprit que ses adversaires ont essayé de représenter comme un *bouffon illettré*. On a fait un volume intitulé *les Calembredaines du vieil Abe* [1]. Est-il besoin de dire que le livre n'est qu'un long mensonge, un pamphlet électoral ? Il est certain qu'à la présidence comme au barreau Abraham se souvenait toujours de son Esope et se servait avec un grand bonheur de la fable et de l'apologue, pour confondre les indiscrets et se débarrasser des fâcheux.

Voici quelques anecdotes authentiques qui feront bien connaître le côté humoristique du caractère de l'homme.

* * *

Un gentleman vient lui demander une passe pour Richmond. « Très-bien, répond Lincoln. Je serais très-heureux de vous obliger si mes passes étaient respectées, mais le fait est, monsieur, que j'ai depuis deux ans délivré deux cent cinquante mille passes à mes soldats pour entrer dans la capitale des confédérés et que pas un n'a réussi. »

1. *Old Abe's Jokes.*

⁎⁎⁎

Pendant que Sherman préparait l'expédition qui devait aboutir à la prise de Port-Royal, sur l'Océan Atlantique, il y avait grande curiosité pour apprendre de quel côté on devait d'abord se diriger. Les reporters américains et étrangers, les curieux, les traîtres même circonvenaient la Maison-Blanche pour recueillir des nouvelles. Un personnage assez considérable qui se trouvait à une soirée de la Présidence importunait Lincoln d'une manière indiscrète afin de connaître quelque chose de la marche projetée.

— « Voulez-vous me promettre de garder le secret ? dit le président d'un air grave.

— « Sur mon honneur, je vous le jure, répondit l'importun.

— « Eh bien, je vais vous le dire. »

Le président prend un air mystérieux, s'avance près de son interlocuteur, le laisse un moment anxieux et la bouche ouverte dans l'attente de la fameuse révélation, et lui souffle bruyamment à l'oreille, de façon à être entendu de toute l'assemblée : — « L'expédition est partie pour..... l'Océan Atlantique. »

⁎⁎⁎

Une autre fois on lui dit :

« Voilà bien des défaites; elle est bien dure, cette guerre ! on entend encore le canon qui tonne de tel côté. — Tant mieux! s'écria-t-il. — Quoi! il y a déjà tant de sang versé et vous dites *tant mieux!* en apprenant que le canon se fait entendre. — Oh! dit-il, je me rappelle qu'il y avait dans mon voisinage, à Springfield, une brave femme qui avait beaucoup d'enfants ; ils étaient toujours dans la rue et elle ne savait ce qu'ils faisaient, et quand elle en entendait un qui criait, elle disait : *Ah! au moins, je suis sûre qu'il y en a encore un en vie.* »

*
* *

Parmi les visiteurs qui abordaient si facilement la Maison-Blanche, les donneurs de conseils ne manquaient pas. Quelques *gentlemen* de l'ouest blâmaient un jour très-amèrement les actes et les négligences de l'administration. Après avoir écouté avec une patience qu'on pourrait appeler de la résignation, Lincoln dit à ses hôtes :

— « Gentlemen, supposons que vous ayez converti en un lingot d'or toutes vos propriétés et confié ce trésor à Blondin pour le porter des rives du Canada à celles des Etats-Unis sur une corde tendue au-dessus du Niagara, vous amuseriez-vous à secouer les poteaux qui soutiennent le câble et à crier : « Blondin! « tenez-vous un peu plus droit. Blondin ! arrêtez-vous « un instant; allez plus vite; penchez-vous à droite; « penchez-vous à gauche. » Non, n'est-ce pas ? vous retiendriez vos mains, votre langue, votre haleine, jusqu'à ce que Blondin soit arrivé au but, sain et sauf,

Eh bien! le gouvernement porte un lourd fardeau; il a en mains des trésors qui n'ont pas été comptés. Ses agents font du mieux qu'ils peuvent, ne les harcelez pas. Restez silencieux et nous ferons une heureuse traversée. »

Cette spirituelle comparaison fut toute la réponse de Lincoln à des doléances qui duraient depuis plus d'une heure, et les donneurs de conseils s'en allèrent charmés et convaincus.

*
* *

Voici maintenant un fermier de la Virginie qui se plaint au Président de ce que les soldats de l'Union, en traversant la ferme, ne s'étaient point contentés de prendre le foin, qu'ils avaient encore mis les chevaux en réquisition.

— « Eh quoi! mon cher monsieur, répliqua doucement Lincoln, comment voulez-vous que je pense à de pareilles choses? S'occuper de ces affaires-là! vingt présidents ne suffiraient pas... »

L'homme insiste : — « Donnez-moi, dit-il, seulement un mot de votre main pour le colonel.

— « Ah! ah! repartit Lincoln, en décroisant d'abord ses grandes jambes pour les recroiser ensuite d'un autre côté, vous me rappelez l'histoire de Jack Chase de l'Illinois. C'était le plus habile homme de la contrée pour conduire un radeau à travers les rapides et entrer droit dans le chenal. Un jour on lança sur le fleuve un bateau à vapeur; Jack (il est mort maintenant, le pauvre garçon !) en fut nommé capitaine.

Au premier voyage le bateau se trouva en grand danger, et, dans le moment où toute la vigilance du capitaine était nécessaire au salut de l'équipage et des passagers, un enfant se mit à crier :

« Capitaine ! Capitaine ! arrêtez, j'ai laissé tomber ma pomme dans la rivière. »

Le fermier, qui était un homme d'esprit, se mit à rire, serra la main que lui tendait Lincoln et fit intérieurement le sacrifice de ses chevaux.

*
* *

Quelques officieux trop pressés venaient souvent lui dire : « Allez donc plus vite, émancipez tout de suite les esclaves, provoquez les étrangers. »

« Vous voulez que j'émancipe les esclaves, leur répondait-il, mais je suis avant tout chargé de sauver l'Union ; j'aime mieux sacrifier une jambe et sauver le corps, et quant aux esclaves, j'y viendrai. Lorsque j'étais dans la forêt, je savais bien qu'il y avait des torrents, mais je ne me suis jamais demandé comment je les traverserais avant d'être arrivé au bord. »

D'autres pensaient que malgré tout le sang versé on pouvait encore s'entendre et arriver à un compromis. Une députation de Baltimore vint dans cet esprit demander à Lincoln de traiter avec les séparatistes ; il leur répondit aussi par une histoire.

A. JOUAULT.

« J'ai connu, dit-il, dans ma jeunesse, un charpentier qui se vantait de faire des ponts sur tous les torrents. Un jour, pour se moquer de lui, on lui fit cette question : — « Est-ce que vous feriez bien un pont entre la terre et l'enfer? — Certainement, répondit-il, je bâtirais très-bien un pont entre la terre et l'enfer, seulement je crois que de l'autre côté il n'y a pas de point d'appui. »

« Vous me demandez, mes chers concitoyens, de jeter un pont entre les États-Unis et les États-Confédérés, je le voudrais bien, mais je ne vois pas qu'il y ait de point d'appui du côté de nos adversaires. »

Comme on insistait, en racontant que Charles Ier avait traité avec son parlement, il répondit à celui qui avait rappelé cet exemple historique [1] :

« Je n'entends rien à l'histoire, c'est l'affaire de M. Seward, mon secrétaire d'État; cependant je crois bien me rappeler que Charles Ier y a perdu la tête. »

*
* *

On ne manquait pas non plus de l'entretenir de la conduite des généraux et quelqu'un vint même lui conseiller de destituer le général Grant, le premier qui, avec Sherman, avait ramené la victoire sous les drapeaux du nord.

— Pourquoi le destituer? demanda le président.
— C'est parce qu'il boit beaucoup de whisky.

[1]. Augustin Cochin.

— Ah! il boit beaucoup de whisky; pouvez-vous me dire où il se le procure? j'aimerais assez à en envoyer un baril aux autres généraux.

* *

Un jour, parlant de l'esclavage, il disait avec une ironie fine et grave : « J'ai entendu dans ma vie bien des arguments destinés à prouver que les nègres sont faits pour la servitude; mais s'ils consentent à se battre pour que leurs maîtres les retiennent dans l'esclavage, ce sera le meilleur des arguments. Celui qui se battra pour cela méritera certainement de rester esclave. Quant à moi, je crois que tout homme a le droit d'être libre; cependant je permettrais volontiers aux noirs qui aimeraient à être esclaves de le rester, j'irais même jusqu'à permettre aux blancs qui vantent et envient la condition des esclaves de le devenir. »

* *

Cet homme d'un esprit si familier atteindra quelquefois à la plus haute éloquence, comme dans le discours qu'il prononça sur la tombe des soldats morts à Gettysburg. Quelle simplicité grandiose! Quel souffle austère et patriotique! Comme on ressent l'émotion d'une âme humaine et chrétienne en face des horreurs de la guerre civile dans cette mâle et concise allocution :

« Il y a quatre-vingt-sept ans, nos pères ont enfanté sur ce continent une nation nouvelle, conçue dans la liberté et mise sous l'invocation du principe de l'égalité humaine. A présent nous sommes engagés dans une grande guerre civile pour éprouver si cette nation, si toute autre nation, ainsi conçue, ainsi consacrée, peut durer longtemps.

« Nous sommes réunis sur un grand champ de bataille de cette grande guerre. Nous sommes réunis pour en consacrer une part au dernier repos de ceux qui ont donné leur vie pour que la nation pût vivre.

« Cela est juste, cela est bien; mais dans un sens plus élevé nous ne pouvons consacrer, nous ne pouvons sanctifier cette terre.

« Les braves gens, vivants ou morts, qui ont combattu ici l'ont consacrée bien au delà de notre pouvoir, bien au delà de notre louange ou de notre blâme.

« Le monde tiendra peu de compte et se souviendra peu de temps de ce que nous disons ici; mais il ne pourra jamais oublier ce qu'ils y ont fait.

« C'est plutôt à nous, survivants, de nous consacrer à la grande tâche qu'ils nous ont laissée, afin que ces morts honorés nous inspirent un dévoûment nouveau pour la cause à laquelle ils ont donné la dernière, la pleine mesure de leur dévoûment, afin que nous prenions ici hautement cette résolution que les morts ne sont pas morts en vain, et que le gouvernement du peuple par le peuple et pour le peuple ne périra pas sur la terre. »

On retrouve les mêmes sentiments dans quelques

paroles qu'improvisa Lincoln à l'inauguration d'une vente de charité organisée par les dames de Washington, au profit de la commission chrétienne de secours ux malades et aux blessés de l'armée fédérale.

« *Ladies et Gentlemen*, je ne veux que vous dire un mot. Cette guerre extraordinaire dans laquelle nous sommes engagés pèse lourdement sans doute sur toutes les classes de la société, mais plus lourdement encore sur le soldat. N'est-il pas vrai que l'homme donnerait tout ce qu'il possède pour conserver sa vie? Or pendant que les autres citoyens ne contribuent que de leur bourse au succès de la guerre, les soldats jouent leur vie et la perdent pour le salut de la patrie. Aux soldats donc les plus hauts mérites!

« Cette guerre si extraordinaire a donné lieu à des élans eux-mêmes extraordinaires, comme on n'en avait pas encore vu dans les guerres précédentes, et, parmi ces manifestations, aucune n'est plus remarquable que ces foires organisées par les dames américaines au profit de nos soldats et de leurs familles.

« L'éloge est un genre d'éloquence qui m'est peu familier et je n'ai jamais étudié l'art de faire des compliments aux femmes, mais je dois avouer que tout ce que les orateurs et les poètes ont dit en leur honneur, depuis la création du monde, ne suffirait point certainement pour rendre hommage et justice à la conduite des dames américaines pendant cette triste guerre.

« Que Dieu les bénisse et nous protége! »

Nous pourrions multiplier les citations, les anecdotes; ce qui précède est assez complet pour donner au lecteur une idée suffisante de la nature du génie de Lincoln, de son caractère, de ses sentiments, de ses pensées!

Ce qu'il faut surtout remarquer chez lui, c'est que ses actes étaient toujours absolumeut conformes à ses paroles. On se battait pour l'esclavage, mais les plus fougueux abolitionnistes méprisaient profondément les noirs, et dans le commerce de la vie ces pauvres gens étaient traités comme de véritables pestiférés par les plus éloquents défenseurs de l'émancipation. Les affranchis avaient leur place à part dans les wagons, les omnibus et les théâtres. Défense même leur était faite d'entrer dans les églises ou de reposer dans les cimetières, réservés exclusivement à l'usage de la race blanche. Dans l'Illinois, le pied d'un noir ne pouvait fouler le sol de l'Etat. Il s'exposait à être fouetté et reconduit à la frontière. Dans d'autres Etats, s'il épousait une blanche, on le rouait de coups.

Lincoln fut le premier qui ouvrit les salons de la Maison-Blanche à des noirs : c'est qu'il avait pour cette race déshéritée une véritable charité d'apôtre, mettant au service des petits comme des grands son cœur tout entier.

Un exemple entre cent. M. J..., correspondant d'un journal belge, arrive un jour chez le Président qui lui avait accordé une audience particulière du matin, et trouve l'honnête Abe occupé à compter un paquet de *Greenbacks*, des billets de un dollar.

Après les politesses d'usage, Lincoln dit au journaliste :

« Vous me voyez, monsieur, occupé à une besogne qui n'est pas dans mes habitudes; c'est qu'un Président a une masse de petits devoirs qui ne sont ordonnés ni par la constitution ni par le congrès, — comme ce que je fais en ce moment.

« Ces papiers appartiennent à un pauvre nègre, garçon de recette au trésor, qui est malade de la petite vérole. On l'a conduit à l'hôpital et il ne peut toucher son gage, parce qu'il ne sait pas signer son nom.

« J'ai eu beaucoup de peine à surmonter cette difficulté et à toucher pour lui; j'ai fini par réussir et je lui divise cela en paquets de trois que je mets sous enveloppe de ma main, suivant son désir. Il ne serait pas sûr d'avoir son compte, s'il ne savait pas que je l'ai fait moi-même... »

Voilà comment le Président se vengeait de l'attentat commis sur le batelier par les noirs de la Nouvelle-Orléans.

*
**

Le libérateur de la race asservie n'oubliait pas non plus la race conquise. Bien que les Peaux-Rouges eussent assassiné son grand-père, Lincoln n'avait pour eux que des sentiments pleins d'humanité.

Le lecteur se rappelle les récits de la cabane où Thomas racontait à ses enfants les luttes des premiers pionniers contre les anciens habitants du pays.

Abe demandait souvent :

« Père, pourquoi donc les Indiens haïssent-ils tant les hommes blancs? » Et Thomas ne savait guère que répondre, car il sentait dans sa conscience que la haine est la dernière arme des vaincus, et que ces pauvres gens défendaient à leur manière et suivant leurs moyens ce que l'homme a de plus sacré, le sol natal.

Peuple de chasseurs et non de pasteurs, ils avaient au début accueilli les blancs comme des amis. Mais quand l'agriculteur européen se mit à sillonner la terre du soc de sa charrue, la chasse se réfugia dans les forêts plus épaisses et moins entamées : pour se nourrir, l'Indien dut suivre la chasse, abandonner les lieux où il avait accoutumé de vivre, où reposaient les ossements de ses ancêtres.

Refoulés au sud-ouest à mesure que la colonisation s'avance, les indigènes sont tombés à un degré de misère qui en annonce l'extinction prochaine. En lutte perpétuelle avec les colons, et toujours les plus faibles, de temps en temps ils envoient demander justice et protection au Président des États-Unis.

J'eus l'occasion de rencontrer à Washington les grands chefs d'une tribu indienne autrefois puissante, venus tout exprès de leurs cantonnements lointains pour faire entendre à Lincoln leurs plaintes et leurs prières. Avant l'audience qui leur avait été accordée ils nous racontaient leur misère, et j'en étais d'autant plus touché qu'ils regrettaient le temps où la France régnait aux rives du Saint-Laurent et du Mississipi.

Introduits par un interprète devant le Président qui

leur serra affectueusement la main, les Peaux-Rouges restèrent d'abord comme émerveillés à la vue des tentures et du mobilier du salon, pourtant fort modeste, où ils étaient reçus.

Après quelques instants de silence le plus âgé raconta qu'ils étaient venus vers leur Grand-Père pour apprendre de lui à devenir riches.

« Comme vous, disaient-ils, nous sommes les en-
« fants du Grand-Esprit, et nous avons traversé d'im-
« menses espaces avant de pouvoir arriver jusqu'ici.
« D'abord nous voyagions lentement ; à chaque étape
« nous espérions vous rencontrer ; mais le peuple
« nous répondait : *Vous avez encore un long chemin.*
« Enfin nous vous avons trouvé et nous sommes con-
« tents. Nous voyons par tout ce qui nous entoure
« que vous êtes riche. Nous aussi, nous l'avons été
« jadis, au temps où le Grand-Esprit nous aimait. Le
« sol sur lequel nous marchons appartenait autrefois
« à nos pères. (Ici l'orateur frappa du pied le parquet, et il y avait plus que des regrets dans son regard : on y lisait le désespoir de l'impuissance.) « Aujourd'hui
« nous sommes pauvres, nous sommes tout à fait pau-
« vres. Nous n'avons plus rien pour garantir nos
« épaules du froid. Chassés de la terre natale, affa-
« més, nous sommes venus à vous pour vous deman-
« der de nous secourir. Le Grand-Esprit nous parlera
« par la bouche de notre Grand-Père ; il nous conseil-
« lera. Tachez que nous ne restions pas plus long-
« temps pauvres, et que nous devenions riches comme
« les blancs. »

Toutes les fois que revenait le mot *pauvre* dans ce discours empreint de regrets si amers, il avait le don d'exciter le rire de quelques *gentlemen* de l'assistance, gens riches ou enrichis sans doute, mais assurément sans cœur.

L'honnête Abe s'en était aperçu, et, avant de répondre aux malheureux qui imploraient son secours et sa protection, il rappela avec beaucoup d'à propos, à l'adresse des rieurs, ce que disait Washington au sujet des Indiens :

« Nous sommes plus éclairés et plus puissants « qu'eux, il est de notre honneur de les traiter avec « bonté et générosité. »

Puis, s'adressant aux grands chefs, il promit de veiller sur leur tribu, de la protéger, de la défendre contre les agressions injustes. « Mais, ajouta-t-il, « pour sortir de la pauvreté, il faut, au lieu de de- « mander exclusivement à la chasse vos moyens d'exis- « tence, vous mettre à cultiver la terre, devenir « bateliers, charpentiers, meuniers, maçons, travail- « leurs en un mot, comme j'ai fait moi-même, moi « que vous appelez aujourd'hui votre Grand-Père et « qu'a protégé le Grand-Esprit. »

L'interprète traduisit aux Peaux-Rouges les paroles du Président. Les comprirent-ils bien? Je l'ignore. Tout ce que je puis dire, c'est que je les vis le soir même quitter Washington pour retourner dans leur tribu après avoir reçu de Lincoln, sur ses fonds particuliers, l'argent nécessaire à leur voyage.

Lincoln pourtant était loin d'être riche. Presque

toujours occupé des affaires publiques, il n'avait point rencontré la fortune dans son cabinet d'avocat, et son modeste traitement de président (25,000 dollars, c'est à-dire un peu plus de 125,000 francs) se trouvait singulièrement réduit, le papier-monnaie ayant subi, pendant toute la durée de la guerre, une dépréciation de plus de moitié. Le Congrès offrit à Lincoln de le payer en or; mais il refusa.

*
* *

Par ce que nous avons rapporté plus haut on a pu voir combien de temps prenaient à Lincoln les audiences particulières et les réceptions publiques.

Ces dernières offraient à l'Européen un spectacle des plus curieux.

Régulièrement, tous les mois, la Maison-Blanche a ce qu'on pourrait appeler *ses petits levers*, où tous les gens présents à Washington, habitants du pays ou étrangers, à la condition d'avoir une mise à peu près décente, peuvent, sans crainte d'être arrêtés par les huissiers de l'antichambre, venir défiler devant le Président, lui présenter une pétition, lui adresser quelques paroles, et comme on dit, *pomper* sa main. L'expression peint bien le geste habituel aux Américains dans ce genre de politesse.

Aux jours de *grand lever*, comme à la fête de Washington par exemple, la Maison-Blanche est littéralement prise d'assaut.

J'ai assisté à une de ces mêlées le 4 mars 1865, le jour de la seconde inauguration, accompagné par le président du sénat, M. Foster, qui m'avait gracieusement offert de me servir de guide dans cette circonstance. Avec un pareil introducteur j'aurais pu peut-être passer par une porte réservée. Mais il aima mieux me faire prendre le chemin de tout le monde, et nous restâmes deux heures à faire queue dans le jardin de la Maison-Blanche, au milieu d'une foule immense qu'avait peine à contenir une double haie de soldats. Je passai à mon tour devant le Président qui échangea à mon sujet avec M. Foster quelques mots de présentation, que je n'ai point retenus tant j'étais étourdi par le bruit d'une musique criarde; puis le flux des visiteurs nous poussa, et nous allâmes nous perdre dans la foule qui nous avait précédés.

Non-seulement Lincoln se prêtait de bonne grâce à ces pénibles exigences, mais il y trouvait plaisir et profit.

« Je veux rester, disait-il, le représentant du peu-
« ple, et ne pas devenir un personnage officiel, qui
« ne sait rien que d'officiel. En me mettant en con-
« tact avec tous, je respire le même air que ce peuple
« qui m'entoure; il m'est plus facile de me souvenir
« que j'en suis sorti et que, dans deux ou trois an-
« nées, je dois y rentrer : *J'appelle cela mon bain*
« *d'opinion publique.* »

Pourquoi faut-il dire ici qu'on abusa quelquefois odieusement de la facilité avec laquelle Lincoln se laissait aborder? Certains journalistes surtout jouèrent un assez triste rôle et ne recherchaient l'honneur d'être présentés au Président de la République que pour avoir le prétexte de faire rire à ses dépens dans leurs correspondances. On remplirait un volume avec les anecdotes et les récits forgés par les reporters étrangers et américains qui furent reçus à la Maison-Blanche. Si le plus grand nombre a su rendre à Lincoln et aux siens l'hommage que méritaient leurs vertus, il est regrettable de constater que d'autres se sont plu à accabler le Président d'épigrammes de mauvais goût, et n'ont même pas craint d'aller jusqu'à calomnier sa famille.

Mais ne rappelons pas ces souvenirs effacés. Le temps a fait justice des chroniques inspirées autrefois par la haine politique et « le nom d'Abraham « Lincoln n'a plus besoin d'être défendu contre le « ridicule, encore moins contre la calomnie[1]. »

*
* *

Le président se trouvait placé, au sein même des États restés fidèles à l'union, entre deux factions violentes (les *démocrates* et les *républicains radicaux*) qui sur chaque question réclamaient des solutions différentes.

Toutes les mesures qu'il prit devaient au début *diviser le nord* et *troubler le pays*. On disait cela des bons du Trésor, de la suppression de l'*Habeas corpus*, de la proclamation d'émancipation, de l'emploi des nègres comme soldats dans l'armée.

Il n'en fut rien. Les faits justifièrent la sagesse des

1. Duvergier de Hauranne.

mesures prises par le président, et bientôt toutes furent acceptées comme des armes de guerre indispensables au salut public.

Il est assez curieux de passer aujourd'hui en revue les charges dont on accablait Lincoln.

D'un côté on le trouvait trop conservateur, de l'autre trop radical. Les conservateurs l'accusaient de faire la guerre pour détruire l'esclavage; les radicaux le dénonçaient comme ne faisant rien ou peu de chose pour la liberté. Un parti le traitait de tyran et d'usurpateur; l'autre se plaignait de la douceur du gouvernement pour les traîtres et tous ceux qui sympathisaient avec les rebelles. D'après ceux-ci il allait trop vite; suivant ceux-là trop lentement. Beaucoup maudissaient ses tendances belliqueuses; quelques-uns, au contraire, déploraient ses dispositions pacifiques. Pour certains, ses résolutions despotiques mettaient en péril la liberté américaine, d'autres voyaient le péril dans la faiblesse de l'autorité.

Toutes ces opinions finirent par se rallier à la politique de Lincoln qui, au jour où nous sommes arrivés, en 1864, avait su se conduire, à travers la tempête de passions qui faisait rage autour de lui, de façon à gagner les suffrages de tous.

A ce moment tous les journaux ne parlent du président qu'avec respect; les soldats l'aiment et l'honorent; dans le monde, il n'est personne, quelles que soient son opinion politique, ses vues sur l'origine, la conduite et la marche de la guerre, qui ne convienne très-franchement que Lincoln s'est montré à la hauteur de sa tâche, grâce surtout à son merveilleux bon sens et à son incontestable honnêteté.

Incorruptible au milieu de la corruption; persévérant quand tout le monde hésitait; plein de franchise à côté d'hommes qui pour la plupart jouaient un double jeu, il avait, comme Washington, conquis la confiance entière du peuple; le succès était maintenant certain pour l'armée dont il était le chef, et à la tête de laquelle il avait placé des généraux dont il écoutait avec soin les avis et qui exécutaient scrupulement ses ordres : Grant, Sherman, Sheridan, qu'il nous faut aller retrouver sur les grands champs de bataille du Potomac et du Mississipi.

IV

COMMENT UN GRAND PEUPLE CONDUIT UNE GRANDE GUERRE. — LES VOLONTAIRES FÉDÉRAUX. — THÉATRE DE LA GUERRE. — OPÉRATIONS MILITAIRES. — UN JOUR DE PRIÈRES ET D'ACTIONS DE GRACES.

Pour sauver la République et abolir l'esclavage qui l'avait mise en péril, le Nord a employé sur terre 2,530,000 hommes, auxquels furent distribués 8,000 canons et 2 millions d'armes à feu; il eut sur pied à un moment donné 1,072,500 combattants à son service. A ces chiffres il faut ajouter la marine régulière des Etats-Unis. 126,595 marins ou soldats de l'infanterie de marine servirent dans la flotte, sans compter les ouvriers et les autres employés dans les chantiers et les arsenaux. Au 5 décembre 1864, la marine de guerre des Etats-Unis comptait 559 steamers, dont 71 cuirassés, et 112 navires à voiles : total, 671.

Si l'on se rappelle combien était précaire, en 1861, la situation du gouvernement fédéral, on comprendra avec quel élan la nation dut répondre aux appels successifs adressés par le président aux différents Etats restés fidèles à l'Union.

*
* *

Un des derniers historiens de la guerre civile en Amérique compare la rapidité avec laquelle les bataillons de volontaires furent recrutés, rassemblés et organisés dans le Nord, à ces légions de squelettes que la Bible nous montre, dans une plaine déserte et silencieuse où gisent épars et desséchés des ossements innombrables, se levant soudain et prenant figure et vie à la voix du prophète Ezéchiel.

Certes l'image est poétique; à distance, la création soudaine de ces grandes armées américaines peut sembler tenir du miracle; quand on a vu les choses de près, il en faut un peu rabattre. L'étranger qui assistait sur place au recrutement de l'armée américaine, avait sous les yeux un spectacle étrange où la grandeur du but disparaissait sous le ridicule des moyens. La mise en scène était grotesque, et derrière la coulisse il se passait souvent les trafics les moins avouables. C'est que, si le patriotisme était immense, il y avait encore en jeu d'autres sentiments, l'ambition, la vanité, la spéculation ; et l'esprit pratique et calculateur de l'Américain ne perdit rien de son ingéniosité au milieu des dangers de la nation.

L'armée américaine, aussi nationale par sa composition que par son esprit, et qui représentait dans une juste proportion les divers éléments de la population, n'eut aucune analogie avec nos armées européennes, ni même avec la petite armée permanente des Etats-Unis.

Le Congrès votait ou le président proclamait, en vertu de pouvoirs extraordinaires, une levée de 75,000, de 100,000, de 500,000 hommes. Cela fait, l'autorité fédérale n'intervenait pas dans le recrutement et n'avait qu'à recevoir les régiments réunis dans les divers Etats, selon la quote-part qui leur était assignée. Dans les Etats particuliers, le gouverneur faisait la répartition entre les différentes cités et laissait à l'initiative individuelle le soin de fournir le contingent demandé [1].

[1]. « L'initiative individuelle cherchait parfois à s'affranchir du faible contrôle des autorités de l'État. Certains corps furent offerts directement au président par ceux qui les avaient levés. Telle fut la brigade dite *Excelsior* composée de cinq régiments levés en quelques semaines à New-York par un ancien diplomate, M. Sickle. Le gouverneur de l'État insistait pour la faire entrer dans son contingent. M. Sickle, pour se soustraire à son autorité, fit l'appel de la brigade sur les glacis d'un fort soumis à la juridiction fédérale et partit aussitôt après pour Washington. La querelle dura longtemps, mais enfin des réclamations unanimes décidèrent Lincoln à

※
※ ※

M. le lieutenant-colonel Ferri Pisani, qui voyageait aux États-Unis en 1862, a tracé de la formation des corps de volontaires au début de la guerre un tableau vivant et d'une parfaite exactitude qu'on ne lira pas sans intérêt et qui me paraît indispensable pour bien se rendre compte de l'état de la société américaine sous la présidence d'Abraham Lincoln.

« A peine, dit M. Pisani, le congrès a-t-il décrété les premières levées, que des milliers de citoyens, sans autre mandat que leur confiance plus ou moins justifiée en eux-mêmes et en leur notoriété présumée, se sont partagé, à leur profit, bien entendu, l'immense travail du recrutement, de la formation des corps et des cadres, laissant le gouvernement assister, les bras croisés, à ce singulier spectacle d'une armée qui s'organise elle-même, et attendre tranquillement qu'on la lui remît toute faite entre les mains.

« L'un a fait appel à tous ceux qui voulaient de lui pour capitaine et a levé une compagnie; l'autre s'est intitulé colonel et a levé un régiment. Quelques-uns

incorporer ces troupes indépendantes dans les contingents particuliers des États où elles avaient été levées : ce n'était que justice, car si elles n'avaient pas été comprises dans la quote-part de chacun de ces États, leur concurrence aurait élevé la prime d'engagement, diminué le nombre d'hommes disponibles et hâté ainsi le moment où la conscription serait devenue nécessaire. Mais, lorsque cette question fut tranchée, la brigade *Excelsior* avait déjà été réduite de moitié par le feu de l'ennemi et les fatigues de la guerre. » (*Comte de Paris.*)

ont annoncé, du premier coup, qu'ils formaient des brigades.

« L'esprit de concurrence illimitée, sans frein, qui est l'âme de toutes les entreprises aux États-Unis, a naturellement inspiré ces singulières opérations. Chaque entrepreneur militaire cherchait à ruiner son voisin, c'est-à-dire, à lui enlever ses engagés. Tel qui avait débuté par se poser en général recruteur, baissait successivement ses prétentions, faute de clients, jusqu'à se contenter du commandement d'un peloton. Tel autre, exalté par la faveur populaire, après avoir formé une compagnie, s'élevait jusqu'au régiment et du régiment à la brigade. L'effectif de chaque fraction constituée étant complet, on s'entendait en famille. Moitié par l'élection, moitié par l'influence du chef, les grades d'officiers étaient distribués ; puis l'organisation terminée, on offrait le tout au Congrès, qui acceptait en bloc officiers, sous-officiers et soldats, donnant une commission aux uns, ratifiant l'engagement des autres, se prêtant à toutes les conditions particulières exigées par chaque corps pour sa dénomination, son armement, son uniforme et quelquefois son service.

« Pour vous donner une idée de ce système qui, ajoute l'auteur, s'est improvisé spontanément, sans entente préalable et sur tous les points du territoire à la fois, je ne puis mieux faire que de le comparer à celui que l'on pratiquait naguère en France pour les emprunts nationaux avant la grande et belle innovation de l'appel direct fait par l'État à l'épargne de chaque citoyen. Un emprunt étant autorisé par les chambres, le gouvernement en faisait connaître les conditions à un certain nombre de grands banquiers, qui fortifiaient le crédit de l'État de leur propre crédit, entraînaient les souscripteurs, plaçaient leurs titres, et apportaient au ministre des finances prêt à le recevoir de leurs mains le montant de l'emprunt couvert en totalité !

« Aux États-Unis, le crédit militaire et moral d'un certain nombre de particuliers s'est interposé entre l'État et la masse de la population, et a été le levier qui a fait surgir, presque tout à coup, une armée médiocre si on veut, mais enfin une armée nombreuse, qui avec le temps peut devenir excellente.

« Naturellement un pareil mouvement, pénétrant jusque dans les profondeurs de la société américaine où tant de choses sont à rebours de ce qui se voit dans la vieille Europe, a dû se traduire par les excentricités les plus singulières.

« Nous avons en ce moment, à New-York, le spectacle extraordinaire de l'opération du recrutement en plein exercice. Le grand Barnum est le modèle et le maître de tous les citoyens qui aspirent à venger l'honneur du drapeau fédéral, sous le titre et avec les appointements de capitaine, de colonel et de général. Le génie de la réclame, mis au service de la patrie, s'élève à des hauteurs incommensurables.

« La brigade dite *Excelsior*, une des premières formées, et qui est véritablement fort belle, a eu tout d'abord son centre de recrutement établi dans une magnifique maison couverte d'affiches et de drapeaux. Un peuple immense se pressait devant le gigantesque balcon chargé d'emblèmes guerriers, du milieu desquels un orchestre militaire versait sur la foule des torrents d'harmonie. Puis par intervalle, un discours patriotique venait mettre le comble à l'enthousiasme excité par la musique et par la vue des drapeaux et des trophées. Alors un mouvement se propageait dans la foule, et sous la main étendue de l'orateur, geste traditionnel accompagné d'une formule analogue à la formule fameuse : *Suivez le monde!* des flots de peuple envahissaient les salles et couvraient de signatures les registres de recrutement. En général, chaque corps en formation à New-York a un bureau de recrutement dans Broadway; et, en outre, une tente où l'on reçoit les engagements, sur la place de l'Hôtel-de-Ville. Ces tentes forment un petit camp, au milieu duquel circule une foule curieuse et grave; car tout se fait gravement aux États-Unis, comme cela se fait en riant en France.

« Il est certain que si le spectacle d'un camp pareil était exposé sur la place de la Bastille, la gaîté et l'ironie de nos ouvriers des faubourgs auraient pour s'exercer d'inépuisables sujets. Ce qu'il y a de plaisant, c'est le contraste entre le sérieux imperturbable des recruteurs et des recrutés, et le style et la forme et les dessins des réclames, réclames qu'on n'aurait qu'à transporter dans un de nos petits théâtres pour soulever l'hilarité générale. Ces affiches représentent pour la plupart un soldat de l'Union exterminant des ennemis. Au-dessous vient un appel patriotique, adroitement mêlé à l'énumération des titres particuliers que le chef de corps et son régiment croient avoir à la confiance publique. Par exemple : *Attention! jeunes gens qui voulez venger la patrie! Où trouverez-vous un régiment qui l'emporte sur celui des chasseurs de Lincoln ou des zouaves de New-York? Tous les officiers y sont versés dans l'art de la guerre; le colonel sera un gradé de West-Point*, etc. Souvent le citoyen qui lève le régiment ne prend que la position de lieutenant-colonel, laissant l'emploi de colonel inoccupé, afin d'attirer le public par l'espoir de le voir rempli par un gradé de West-Point, c'est-à-dire par un officier de l'armée permanente, élève de l'école militaire ; promesse séduisante dont l'effet sur les masses prouve qu'elles sont animées, au fond, d'un vrai bon sens et d'un certain instinct militaire.

« Puis vient le détail des avantages assurés par la République à l'engagé : 60 francs par mois, des vivres en abondance, de bons uniformes et un lot de terrain à l'expiration du temps de service.

« Les parties capitales de la réclame sont presque toujours signalées à l'attention du public par une main, un doigt étendu, comme on en figure sur les poteaux des routes. J'ai vu de pauvres Irlandais affamés dévorer des yeux des affiches gigantesques, fascinés qu'ils étaient par des mains diaboliques, au bout desquelles se trouvait l'énumération complète des comestibles dont se compose la ration, pain, vin, viande, légumes, bière, etc. Il faut croire qu'il y a eu quelques exemples d'une concurrence déloyale se glissant au milieu de ces opérations mi-parties industrielles et militaires, car, après l'annonce *laudative* du contrat, on lit souvent un *nota bene* mettant le public en garde contre les prospectus fallacieux de certains entrepreneurs sans conscience, qui promettent aux citoyens sans défense des avantages que n'a pas assurés le Congrès.

« Pour les régiments déjà formés, mais qui ont besoin d'un complément, il est de rigueur, d'après l'affiche, qu'il ne manque que 25 hommes. *Pressez-vous ! il ne reste plus que 25 engagements à livrer au public!* Comme dans la vente des paletots à la criée, c'est toujours le dernier paletot du magasin que le crieur tourne et retourne aux yeux de la foule. Enfin, il y a des demandes d'engagement en bloc d'une compagnie tout entière, par exemple : *On demande une compagnie d'hommes d'un bon moral, commandée par un capitaine versé dans l'art militaire; s'adresser telle rue, tel numéro.* Dans toutes ces annonces publiques, il n'est pas question des officiers. Leur élection se fait loin des regards et du contact de la foule. Les traitements, surtout ceux des bas grades, sont considérables. Je crois qu'un capitaine n'a pas moins de 10 à 12 000 francs par an, et que les appointements d'un colonel s'élèvent à près de 25 000 francs. »

* * *

J'ai cru qu'il était intéressant de montrer au lecteur comment s'étaient formées ces grandes armées, dont la victoire a été sur le continent du nouveau monde le triomphe de la justice et de la liberté. La place et la compétence me manquent pour parler de cette formidable guerre au point de vue purement militaire. Je n'accepte pas toutefois le jugement qu'en porte un historien que j'ai déjà cité dans ce chapitre, M. le comte de Paris.

« Le récit détaillé de ces campagnes, dit cet écrivain, offre une suite de petits événements que rien ne semble rattacher entre eux, et qui paraît longue et monotone. Cette guerre, par bien des côtés, rappelle celles du Moyen-Age, où de petites armées avancent et reculent sans cesse l'une devant l'autre, se perdent souvent de vue, pour se rencontrer en un jour de bataille, et se dispersent le lendemain, faute de moyens de subsistance, guerre faite non-seulement par l'armée, mais par de vrais amateurs qui conservent toute leur indépendance individuelle ; guerre à laquelle toute la population, divisée par des pouvoirs hostiles, prend une part active, et qui, par conséquent, offre un champ plus large que toute autre guerre aux violences, aux pillages et aux crimes. »

C'est là, il me semble, une vue de la lutte prise de trop près. Si en effet, au premier abord, la grandeur du territoire, le chaos des dates, des chiffres, des noms d'hommes et de lieux, les marches et les contre-marches des armées qui se disputent l'espace compris entre Richmond et Washington, font croire que tout est confusion dans cet immense conflit, il n'en est rien en réalité. Tout au contraire, les événements de cette guerre offrent dans leur succession un caractère de logique et de simplicité, qui se retrouve en bien petit nombre dans d'autres guerres, et qui serait vraiment merveilleux, si la lutte n'avait été au fond qu'un choc entre deux principes.

Essayons donc de résumer en quelques pages quatre années de batailles et de montrer comme en un tableau synoptique les grandes lignes de cette gigantesque lutte.

Et d'abord deux mots sur le théâtre de la guerre.

*
* *

Les États-Unis forment une immense vallée, celle du Mississipi, encadrée par deux vastes terrasses, l'une qui regarde l'Océan Pacifique (Montagnes Rocheuses), l'autre qui incline vers l'Océan Atlantique (Monts Alléghanys). C'est surtout dans la vallée du Mississipi et sur la terrasse qui regarde l'Europe que la vie se concentre; là sera le théâtre de la guerre qui se divise en trois zones.

La première, située au nord de l'Ohio, que la guerre n'envahit pas, fournit ses enfants à l'armée et fabrique, trafique, spécule pour subvenir aux besoins des combattants.

La seconde s'étend sur la rive droite du Mississipi et comprend les pays le plus récemment conquis ou colonisés. C'est la guerre de partisans qui s'y fait, guerre irrégulière, sanguinaire, presque sauvage, mais sans influence sur l'ensemble des opérations militaires.

Le véritable champ de bataille a pour limites au nord l'Ohio et le Potomac, à l'ouest le Mississipi, depuis Cairo jusqu'à la Nouvelle-Orléans, au sud le golfe du Mexique, et à l'est l'Océan Atlantique depuis la pointe de la Floride jusqu'à la baie de la Chesapeake : un cinquième environ des États-Unis.

Les États fédéraux occupaient la partie supérieure de cette immense terrasse qui, depuis la chaîne des Alleghanys, va en s'abaissant du côté de la mer et en s'élargissant du côté du sud. Ils tenaient aussi le bassin supérieur du Mississipi et de ses plus grands affluents, le Missouri sur la rive droite, l'Ohio, le Tennessee sur la rive gauche.

Les États confédérés occupaient l'embouchure du Mississipi, et une grande partie du cours du fleuve (Texas, Louisiane, et Arkansas sur la rive droite; Mississipi et Tennessee sur l'autre). Ils fermaient toute communication avec la mer aux riches pays de l'ouest. Ils possédaient de larges plaines qui s'épanouissent au sud-est de la chaîne des Alleghanys (Alabama, Géorgie, Floride, les deux Carolines, une partie de la Virginie) et avaient une longue étendue de côtes, mais de côtes plates, moins favorables aux ports et à la navigation que les côtes profondément déchirées du nord.

Entre le nord et le sud se trouvait le groupe des États du centre qu'on appelait États frontières (*Border-*

States) : la Virginie, le Tennessee, le Kentucky, le Missouri, le Maryland et le Delaware.

Ces États n'employaient pas d'esclaves, mais ils en élevaient et en vendaient. Leur situation géographique faisait d'eux le lien des États extrêmes.

Ce sont ces pays que le Nord et le Sud se disputent, et qui sont le champ de bataille des esclavagistes et des abolitionnistes, des confédérés et des fédéraux.

***

Les canons du fort Sumter avaient donné le signal de l'ouverture des hostilités, et au début le gouvernement fédéral, entraîné par les impatiences de la nation, après avoir mis Washington à l'abri d'un coup de main, crut que ses volontaires, par une marche hardie et une attaque soudaine, allaient pouvoir sans peine s'emparer de Richmond. Beaucoup ne voyaient dans cette entreprise qu'une promenade militaire. Ils comptaient sans les larges rivières qu'ils avaient à traverser, le Rappahanock, le Rapidan, l'York, le Chikahominy. D'ailleurs, ils n'allèrent pas si loin. Près de Manassas, au ruisseau du *Bull Run*, (torrent du Taureau), ils attaquèrent, sous les ordres de Mac Dovel, le camp du général Beauregard solidement retranché et furent complétement battus. A la suite de cette défaite Richmond se trouvait à l'abri de toute attaque, et Washington sérieusement menacé.

Ce désastre ne fit que stimuler le patriotisme du Nord et le rendre plus clairvoyant.

Le gouvernement fédéral comprit alors qu'avant d'entrer sérieusement en campagne, il devait organiser ses troupes et mettre à leur tête, non plus des officiers improvisés, mais de véritables hommes de guerre formés dans la carrière des armes ; que, pour obtenir le succès dans une grande lutte, de nombreux soldats ne suffisent pas, qu'il faut les instruire, les discipliner, les aguerrir.

Les deux armées rivales restent donc en présence pendant neuf mois, sans sortir des positions respectives que leur avait faites la bataille du Bull Run.

Mac Clellan organise les forces fédérales assemblées sur ce point, et qui portent le nom d'*armée du Potomac*. Il exerce ses troupes, les soumet à une discipline sévère, puis prenant Richmond pour objectif, il marche sur York-Town, que les confédérés évacuent après l'y avoir retenu un long mois. Il les joint et les bat à Williamsburg (5 mai 1862); mais un combat de sept jours sur les rives du Chikahominy lui ferme le chemin de Richmond (23-30 juin), l'oblige à transporter ses troupes sur le James River, et, deux mois après (30 août), une seconde bataille du Bull Run, perdue par le général Pope contre le général Lee, remit les choses à peu près dans l'état où elles étaient dix-huit mois auparavant.

Les confédérés semblent alors vouloir prendre une offensive résolue; le général Lee entre dans le Maryland et menace à la fois Washington, Baltimore et les villes industrielles de la Pensylvanie méridionale. Le président Lincoln, loin de se laisser abattre, ordonne la levée de nouvelles armées, et la sanglante bataille d'Antietam, gagnée par Mac Clellan, dégage le Maryland et sauve la capitale.

Après cette victoire le gouvernement voulut presser la guerre du côté de Richmond : Mac Clellan restait dans l'inaction.

Le président le destitua et remit le commandement de l'armée du Potomac à Burnside, lui ordonnant d'aller chercher l'ennemi qu'il trouva sur le Rappahanock.

La journée de Frederiksburg, vivement disputée (13 décembre 1862), fut une éclatante défaite pour les fédéraux, qui perdirent encore une fois le fruit de tous leurs efforts précédents.

Ainsi, pendant l'année 1862, l'armée du Potomac avait été plus souvent battue que victorieuse, et rien n'eût pu faire espérer une fin heureuse de cette grande lutte, si les opérations militaires avaient été circonscrites dans les champs de bataille de la Virginie.

***

En 1863, après l'émancipation des nègres, le cabinet de Washington a des vues plus fixes sur la guerre et son issue. On s'aperçoit que, pour triompher du Sud, il faut l'étreindre par un vaste blocus, réserver la prise de Richmond pour le coup décisif et ne demander aux armées du Potomac que de défendre la ligne qui couvre Washington contre l'attaque des confédérés.

Le succès final dépendra d'autres opérations.

La Virginie occidentale, le Kentucky, le Tennessee, c'est-à-dire les États frontières, tombent sous la main des fédéraux, grâce aux victoires des généraux Halleck, Fremont, Grant, etc.

Par sa marine, le Nord enveloppe les côtes de l'Atlantique et du golfe de Mexique; il bloque tous les ports du Sud, fait d'heureuses expéditions au cap Hatteras, et à Port-Royal, occupe Beaufort afin de rendre le blocus plus effectif et d'empêcher, en échange des exportations de coton, l'introduction des secours étrangers.

Mais la clef de la situation était sur le Mississipi.

Les troupes fédérales avaient pris pour base de leurs opérations Cairo (Illinois), au confluent de l'Ohio et du Mississipi; et, d'après les ordres du ministère, on équipait sur ce point une flotte formidable de canonnières.

Les confédérés étaient maîtres de tout le cours du fleuve jusqu'à quelques kilomètres de cette même place en aval.

Les opérations combinées de Grant, de Butler, de Banks et du commodore Farragut amènent la chute successive de Memphis, de la Nouvelle-Orléans, de Vicksburg. Cette dernière place succombe le 4 juillet 1863, Port-Hudson se rend le 8 : les Unionistes sont maîtres de tout le cours du Mississipi depuis sa source jusqu'à ses embouchures, et la confédération se trouve par le fait coupée en deux parties incapables dès lors de se rendre l'une à l'autre aucun service efficace.

Cette brillante campagne, dont le succès revient pour la plus grande part au général Grant, consacra la réputation du futur successeur de Lincoln.

Les opinions avaient été jusque-là très-partagées sur le mérite militaire de Grant.

Nous avons vu les uns le représenter comme un ivrogne; d'autres, parce qu'il était silencieux, lui reprochaient d'être toujours à moitié endormi par l'usage immodéré du tabac; Mme Lincoln disait de lui : « C'est un boucher et un fou; » — et Lincoln répondait à tous avec son fin sourire :

« Oui, mais il triomphe [1]. »

---

[1]. Ulysses Grant est né à Point-Pleasant (Ohio), le 27 avril 1822.

Son père, d'origine écossaise, faisait le commerce des cuirs. A douze ans, Ulysses était déjà un homme. Il aidait son père, et lisait la vie de Washington, comme Lee, comme Lincoln, comme tout bon Américain. A l'école de son village, il prit le goût des mathématiques et put entrer à l'école de West-Point, le 1er juillet 1839. Il avait dix-sept ans.

Grant resta sous les drapeaux de 1843 à 1854. Dans ces onze années, il prit part à la guerre que le Mexique suscita aux États-Unis à propos de l'annexion du Texas, se distingua dans plus d'une bataille et reçut deux certificats de bravoure.

Après la paix de Guadaloupe il fut envoyé sur la frontière du Canada, puis dans la Californie et l'Orégon.

En 1840, il épousa Julia T. Dent, fille aînée d'un marchand de Saint-Louis.

Six ans après, devenu capitaine, il donna sa démission et se retira près de Saint-Louis, où il se fit fermier. Il passa ainsi cinq années à la tête d'une exploitation de huit cents acres de terre.

En 1859, il alla habiter Galena (Illinois), où son père, le marchand de cuirs, lui offrait une place de teneur de livres, avec la perspective d'un intérêt dans son commerce.

Au premier appel de Lincoln, Grant leva une compagnie de volontaires à Galena. Quatre jours après, il était en route pour

Le 13 juillet il écrivit au vainqueur de Wicksburg :

« Mon cher Général,

« Je ne crois pas avoir jamais eu l'honneur de vous
« rencontrer et je vous écris ces lignes pour vous
« dire combien je vous suis reconnaissant des ser-
« vices que vous avez rendus à notre pays. J'espérais
« bien, en vous voyant approcher de Vicksburg, que
« le succès final couronnerait votre entreprise, à en
« juger d'après vos premières opérations. Toutefois,
« lorsque vous êtes descendu et avez pris le fort
« Gibson, Grand-Gulf et les environs je pensais que
« vous descendriez la rivière pour joindre le général
« Banks ; et lorsque vous avez donné au nord, à
« l'est de Big-Black, je craignais que ce ne fût une
« faute. Aujourd'hui, je me plais à reconnaître que
« vous aviez raison et que j'avais tort. »

Au moment où Vicksburg tombait au pouvoir des
édéraux, ceux-ci étaient également vainqueurs du
côté de l'Atlantique.

Le général Meade sauvait Washington du plus grand
péril que la capitale eût encore couru depuis le commencement de la guerre, en chassant des hauteurs de
Gettysburg le général Lee, qui était forcé de battre en

Springfield avec ses hommes, entrait chez l'adjudant-général
et peu de temps après était nommé colonel du 21e de l'Illinois. Au mois d'août 1861, il fut promu par le président Lincoln au grade de brigadier-général. Il devait commander le
district de Cairo (Illinois).

retraite après avoir de nouveau envahi le Maryland, et de laisser sur le champ de bataille dix mille prisonniers et sept mille blessés.

Le jour qui suivit cette bataille, et pendant lequel la nouvelle de la victoire se répandit dans tous les états du nord, était précisément le 4 juillet. Par une singulière coïncidence, bien faite pour frapper les populations à esclaves, c'est également le 4 juillet, alors que toutes les villes de l'Union célébraient avec enthousiasme la grande fête nationale et le triomphe du général Meade, que Vicksburg, le boulevard de la confédération rebelle sur le Mississipi, ouvrait ses portes au général Grant.

Ainsi la cause de l'Union remportait en même temps une grande victoire sur chacun des deux points les plus importants de l'immense territoire disputé. A l'est des Alleghanys, l'armée du Potomac dégageait Washington et reprenait l'offensive ; à l'ouest, dans la vallée du Mississipi, les soldats de Grant rouvraient aux vaisseaux du Nord le cours du fleuve, l'artère centrale du continent. « Désormais, dit M. Elisée Reclus, on considéra le Cap des tempêtes comme définitivement doublé, on sentit qu'en dépit de toutes les vicissitudes et de tous les malheurs tenus en réserve par l'avenir, le sort de la nation ne serait plus exposés aux hasard des combats et que les dernières journées, les plus sanglantes de la guerre, avaient été vraiment le paroxysme de la crise qui depuis deux années déjà mettait en péril le salut de la République. »

Par une proclamation du 15 juillet Lincoln fixa un

jour de prières nationales et d'actions de grâces pour remercier Dieu des succès qu'on venait d'obtenir. Elle était ainsi conçue :

PROCLAMATION.

« Le Dieu Tout-Puissant a daigné prêter l'oreille aux supplications et aux prières d'un peuple affligé et donner, sur terre et sur mer, à l'armée et à la flotte des États-Unis d'assez fécondes et éclatantes victoires pour augmenter notre confiance dans le succès final, et nous permettre de ne pas espérer sans fondement que l'union de ces États sera maintenue et leur constitution préservée, que la paix et la prospérité ne tarderont pas à renaître. Mais, pour prix de ces victoires, de braves et loyaux citoyens ont immolé à la patrie leur vie, leurs membres, leur liberté, et le deuil s'est étendu sur presque toutes les familles du pays, à la suite de si terribles sacrifices. Dans ces victoires et dans ces deuils il est convenable et juste de reconnaître et de confesser la main toujours présente du Père Tout-Puissant.

« Qu'il soit donc aujourd'hui connu que j'ai réservé le jeudi, sixième jour du mois d'août prochain, pour être observé comme un jour d'actions de grâces nationales, de louanges et de prières; que j'invite le peuple des États-Unis à s'assembler à cette occasion dans les lieux accoutumés où se pratiquent les différents cultes religieux, afin que chacun y rende, dans la forme approuvée par sa conscience, l'hommage dû à la divine majesté pour les secours merveilleux qu'elle a donnés à la nation américaine.

« Que ce jour soit consacré à invoquer l'Esprit-Saint, à lui demander d'apaiser la colère qui a produit et soutenu depuis trop longtemps la rebellion : qu'il change le cœur des rebelles, qu'il inspire les conseils du gouvernement afin que ce dernier soit à la hauteur de sa pénible tâche, qu'il visite et console jusque dans la dernière cabane tous ceux qui souffrent de la guerre, dont l'esprit a été ébranlé, la santé détruite, la fortune ruinée, la famille décimée, — qu'il mette enfin la nation tout entière sur le chemin du repentir et de la soumission à la volonté divine, le seul qui puisse nous ramener à l'union et à la paix fraternelle.

« En foi de quoi, etc...... »

ABRAHAM LINCOLN.

Washington, 15 juillet 1863.

Tout en remerciant la Providence de ce qu'elle avait fait pour la cause du Nord, Lincoln ne négligeait aucun des moyens que la science et la prudence humaines mettaient à sa disposition. Il croyait profondément en Dieu ; ses discours, ses messages, ses lettres finissaient toujours, comme on l'a vu, par une prière, car il était resté l'élève de la Bible et de Bunyan, à la présidence comme dans la hutte de l'Indiana. Toutefois cette piété n'était ni du quiétisme ni du fatalisme et se résumait en un mot : « *Pour faire le bien et remplir ton devoir, aide-toi, le ciel t'aidera.* »

En somme, si les succès obtenus donnaient de légitimes espérances, il restait encore à porter le dernier coup, et c'est souvent le plus difficile. Le Nord était victorieux, mais il n'était pas le maître ; pour le devenir entièrement, pour subjuguer le Sud et mettre fin à la sécession, il fallait plus d'une sanglante bataille et un ensemble d'opérations à la hauteur du génie des plus grands capitaines.

⁂

J'ai dit que nulle guerre n'avait été plus logique dans la conduite générale de ses multiples opérations : les campagnes qui vont achever l'œuvre nous en donneront la meilleure des preuves.

Au point où en sont les choses, après la chute de Vicksburg, le Nord n'a plus qu'à garder les positions conquises sur l'Atlantique, le golfe du Mexique et le Mississipi, dans les États du centre et ceux de l'ouest. Tout ce qui restera de troupes disponibles pourra être concentré sur Richmond.

Grant a été placé à la tête de l'armée du Potomac et, ne voulant pas risquer son armée sur le théâtre malheureux où Mac Clellan avait perdu la moitié de la sienne deux années auparavant, il arrive, par d'habiles manœuvres qu'il effectua sans être inquiété, à placer ses troupes dans le vaste camp retranché que forme la Péninsule comprise entre la rivière James et l'Appomattox.

Là, sans inquiétude pour ses opérations et ses renforts, qui lui arrivent désormais tous les jours par la rivière James, le général Grant jouit d'une complète liberté de mouvements et n'a plus à craindre d'être tourné par l'ennemi. Il peut s'occuper uniquement du siége.

L'espace que défendent Lee et Beauregard, et dans lequel on peut dire que la confédération joue sa fortune, ne se compose pas de la seule ville de Richmond; elle comprend aussi Petersburg et un chemin de fer qui réunit les deux cités. L'ensemble des retranchements forme en réalité une énorme citadelle, dont le front, long de 40 kilomètres, offre de formidables ouvrages. Derrière ces fortifications, une voie ferrée peut, en quelques heures, transporter la garnison sur tous les points menacés.

Ce sont là les retranchements que Grant, solidement retranché lui-même, cherche à percer sur un point ou sur un autre, afin d'isoler Richmond de ses communications avec le Sud et d'en faire une simple enclave des États libres, destinée à tomber tôt ou tard, et par la force même des choses, au pouvoir des fédéraux.

Malgré toute la ténacité de Grant et les forces nouvelles mises à sa disposition, le gouvernement de Lincoln comprit toutefois que la capitale des confédérés ne tomberait peut-être jamais si on l'attaquait seulement par la Virginie ou en venant par mer; qu'il fallait pénétrer au cœur des États rebelles et couper toutes leurs communications.

Pendant donc que Grant prenait le commandement de l'armée du Potomac, Sherman partait du Tennessee, dont la conquête avait été achevée par la bataille de Chattanooga (27, 28 et 29 novembre 1863). Avec 100,000 hommes et 250 pièces de canon, il se dirigeait vers les montagnes, après avoir réuni à Nashville une grande quantité d'approvisionnements; puis, grâce à des marches habiles, faisait tomber les redoutables positions du défilé d'Allatoona, repoussant sans cesse les confédérés, tournant les obstacles qu'il ne pouvait renverser, et débouchant enfin de l'autre côté des Alleghanys pour aller mettre le siége devant la forte place d'Atlanta, où l'ennemi s'était retranché.

*
* *

Le moment était décisif. Non-seulement le Nord avait vaincu, mais il avait su profiter de ses victoires. De la marche de Sherman à travers la Géorgie dépendait le sort définitif de la guerre : Lincoln voyait le succès certain. Que lui fallait-il? du temps, quelques mois. Mais son mandat allait expirer; le 2 novembre, le scrutin devait décider si le peuple loyal des Etats-Unis serait en majorité pour laisser aux mains de l'honnête Abe les destinées de la République américaine.

V

ÉLECTION PRÉSIDENTIELLE DE 1864. — LES TROIS CONVENTIONS. — LINCOLN OU MAC CLELLAN.

Le vote populaire [1] aux Etats-Unis est non-seulement la base sur laquelle repose tout l'édifice politique, mais encore l'arbitre suprême, le juge en dernier ressort de tous les conflits, comme il est la sauvegarde de tous les intérêts et l'instrument de tous les progrès. Le mécanisme gouvernemental étant excessivement compliqué en raison de l'espèce de ouble existence politique qu'a tout Américain, citoyen de son Etat et citoyen de l'Union, il en résulte que l'on fait à la volonté du peuple un appel incessant, et qu'il ne se passe presque pas de jour où, sur un point quelconque du territoire, il n'y ait des électeurs appelés à nommer soit un juge, soit un membre de la législature locale, soit un représentant au Congrès. Toutes ces élections partielles, même pour le moindre emploi, sont essentiellement politiques. A chaque scrutin les partis livrent bataille au gouvernement, s'ils sont mécontents de sa conduite; et de

---

1. L'expression *suffrage universel* serait improprement employée en l'état de la législation électorale aux États-Unis, à l'époque dont nous parlons.

chaque scrutin sort ou un avertissement, ou un blâme, ou une approbation pour le parti qui se trouve au pouvoir. C'est ainsi que l'on comprend aux Etats-Unis la pratique du gouvernement républicain.

Pendant la guerre de sécession, sous la première présidence de Lincoln, les élections partielles furent l'image exacte des craintes ou des espérances qu'inspirait la conduite du cabinet de Washington,

En 1862, année d'incertitude et de revers, si l'opposition démocratique triomphe, c'est que les gens réfléchis et sans passion, entraînés par les épouvantables défaites des armées du Nord, en étaient venus à douter que le gouvernement fût assez habile et assez puissant pour réduire la rébellion. Après les succès de Vicksburg, Gettysburg, Port-Hudson, la réouverture du Mississipi, la conquête du Tennessee et d'une grande partie de l'Arkansas, — en 1863, l'administration, au contraire, l'emporte dans toutes les élections : les juges, les maires, les représentants, les sénateurs élus appartiennent à l'opinion républicaine modérée.

La nomination du général Grant au commandement en chef de toutes les forces nationales fortifia la confiance du peuple dans le gouvernement de Lincoln. Sans doute il en est encore qui ne désirent pas la chute de la rébellion, mais ceux qui dans les heures les plus anxieuses n'ont jamais désespéré du succès, voient, au printemps de 1864, se rallier à eux la majorité des citoyens du Nord, qui commence à croire fermement que le général Grant aura vite raison de ce qui restait encore debout de la confédération.

Aussi les élections de cette époque furent-elles à peine disputées par l'opposition ; le parti républicain l'emporta dans presque tous les colléges.

C'est dans ces circonstances qu'arrivait l'époque des élections pour la présidence, et disons de suite que le sentiment populaire se prononçait énergiquement pour renommer Lincoln. On songea pourtant au début à lui opposer un adversaire pris dans le sein même du parti républicain.

*

Une première Convention nationale, réunie à Cleveland le 31 mai 1864, avait fait appel à tous les radicaux du pays, — « *To the Radical men of the nation.* » Environ 350 personnes étaient présentes ; mais un très-petit nombre se trouvait muni de pouvoirs réguliers.

Les motifs de leur opposition à la réélection de Lincoln étaient de différente nature.

D'abord les républicains radicaux n'admettaient pas en principe qu'un président pût être réélu deux fois de suite : Quatre ans de pouvoir leur paraissaient une période suffisante, et ils demandaient qu'un amendement à la constitution conçu dans ce sens fût voté par le congrès et soumis à la sanction du peuple.

Quant à la politique de Lincoln, les radicaux trouvaient qu'à l'extérieur il avait manqué d'énergie devant les entreprises de la France au Mexique ; qu'à l'intérieur il n'avait point pris de mesures assez énergiques pour dompter le Sud et serait trop clément après la victoire.

Nos lecteurs n'ont pas oublié ce que nous avons dit dans un des précédents chapitres des vues de la politique américaine sur le Mexique et l'Amérique centrale. La guerre civile avait permis au gouvernement de Napoléon III de porter un coup qui pouvait devenir mortel à la doctrine de Monroë. Le 10 avril, l'archiduc Maximilien recevait à Miramar une députation qui venait lui offrir la couronne du Mexique ; il l'acceptait, débarquait à la Vera-Cruz et lançait le 29 sa proclamation au peuple mexicain : c'était un véritable défi jeté au peuple des Etats-Unis. Le cabinet de Lincoln crut néanmoins devoir user de patience dans l'intérêt de la cause qu'il soutenait, pour ne pas, en donnant à Juarez l'appui des fédéraux, fournir aux troupes françaises l'occasion de prêter main-forte aux confédérés.

Le peuple, qui ressent toujours très-vivement les injures faites à son pays, ne pouvait se résigner à la prudence : l'opinion des masses était sur ce point d'une vivacité extrême, et elles manifestaient leurs sentiments contre la France dans les termes les plus blessants pour notre amour-propre national.

« Il ne se passe guère, dit M. Duvergier de Hauranne, de semaine qu'on ne lise dans les journaux le récit, — vrai ou mensonger, peu leur importe, — de quelque défaite humiliante ou de quelque lâcheté des Français : c'est la pâture que réclame le patriotisme du lecteur américain. Ouvrez le *Times* ou le *Herald* de New-York, la *Tribune* de Chicago, l'*Enquirer* de Philadelphie, ou bien quelque obscure gazette de province ; il est rare qu'à la première page, après la nouvelle obligée d'une victoire, remplacée, quand cette victoire manque, par l'annonce pompeuse de quelques détails réchauffés des dernières batailles, vous ne lisiez en grosses lettres : « Mexique. — Désastre des impériaux. — Triomphe du général républicain un tel. — Fuite de Johany-Crapeau (c'est ici notre surnom national, imaginé sans doute pour être mis en regard de John Bull, comme la grenouille qui voudrait imiter le bœuf). » Les escarmouches insignifiantes sont annoncées comme de grands faits d'armes. Dût la lecture du texte contredire absolument le titre qui vous attire, l'effet est produit, et les grosses lettres moulées de la première page auront toujours raison des petits caractères illisibles égarés au bas de la quatrième. Dernièrement le *Chicago-Times* mettait en vedette : « La déroute des Français continue, » quand au contraire il racontait qu'une bande de guérillas mexicains avait été fort maltraitée par une patrouille de cavalerie française [1] ! »

On voit par ce récit très-fidèle que rien ne portait plus ombrage au peuple américain que l'entreprise de la France contre le Mexique. Aussi le manifeste [2]

---

1. Duvergier de Hauranne. *Souvenirs de voyage*, 17 septembre 1864.
2. *Platform*, c'est le nom qu'on donne au programme politique d'un parti.

(ou la *plate-forme*, comme on dit aux États-Unis) de la convention de Cleveland était-il certain de trouver un écho retentissant dans tous les cœurs en déclarant que *la politique nationale connue sous le nom de doctrine de Monroë avait été reconnue par toutes les puissances, et que l'établissement d'un gouvernement anti-républicain sur le continent américain ne pouvait être toléré par le gouvernement des États-Unis.*

Sur la politique intérieure voici quelles étaient les résolutions du parti radical :

1. L'union fédérale sera maintenue.
2. La constitution et les lois des Etats-Unis doivent être observées et obéies.
3. La rébellion sera domptée par la force des armes et sans compromis.
4. La liberté de la parole, la liberté de la presse, la liberté individuelle (*habeas corpus*) sont inviolables, excepté dans les districts où la loi martiale a été proclamée.
5. La rébellion a détruit l'esclavage et la constitution doit être modifiée par un amendement qui en prohibe le rétablissement et assure à tous les hommes l'égalité devant la loi.

Sur tous ces points, pas de différence notable au fond entre le programme des radicaux et celui des républicains modérés; mais il n'en était point de même des articles du manifeste relatifs à la reconstitution des Etats séparés et au châtiment des rebelles. Ces articles étaient ainsi conçus :

11. L'œuvre de la reconstruction des Etats rebelles appartient au peuple par l'intermédiaire de ses représentants au congrès, et non au pouvoir exécutif.

12. La confiscation des biens des rebelles et le partage de ces biens entre les soldats et les possesseurs actuels est un acte de justice.

La politique de Lincoln était plus clémente, et le parti républicain partageait les sentiments de Lincoln.

La convention *radicale* avait choisi comme candidats : à la présidence, le général Fremont, à la vice-présidence, le général Cochrane. Tous deux acceptèrent dans son entier le manifeste de Cleveland, à l'exception toutefois, disons-le à leur honneur, de l'article 12 relatif à la confiscation : Fremont le répudia absolument et Cochrane s'en remit sur ce point à la sagesse du congrès, quand le temps serait venu de s'occuper des lois de reconstruction.

La politique intérieure du parti radical ne trouva dans le pays aucun écho, et ses deux candidats ne tardèrent pas à se retirer de l'arène électorale, dès qu'ils furent convaincus que la grande masse du peuple serait partagée entre les *Républicains Unionistes* et les *Démocrates partisans de la paix*.

Le mardi 7 juin, une nouvelle Convention nationale se réunit à Baltimore sous le nom de « *Union national convention;* » tous les états qui ne sont pas ouvertement en rébellion y sont représentés.

Cette assemblée adhéra à la politique suivie par Abraham Lincoln et la résuma en termes précis et énergiques dans le manifeste qu'elle adressa au peuple loyal des Etats-Unis.

« Le premier devoir de tout citoyen américain, disaient les délégués de Baltimore, est de maintenir contre leurs ennemis l'intégrité de l'Union et l'autorité souveraine de la Constitution et des lois des Etats-Unis.

« Mettant de côté toutes les divergences de nos opinions politiques, nous nous engageons comme citoyens de l'Union, animés par un sentiment commun et marchant au même but, à faire tout ce qui sera en notre pouvoir pour aider le gouvernement à dompter par la force des armes la rébellion soulevée contre son autorité et à infliger aux rebelles le châtiment dû à leurs crimes.

« Nous approuvons la détermination qu'a prise le gouvernement des Etats-Unis de ne point compromettre avec les rebelles, de n'écouter aucune parole de paix avant leur reddition sans conditions et leur retour à l'obéissance à la Constitution et aux lois de l'Union; nous demandons qu'il reste ferme dans ses résolutions, qu'il poursuive la guerre avec la plus grande énergie jusqu'à la suppression de la rébellion;

nous lui garantissons qu'il peut se fier entièrement au patriotisme de la nation, qu'elle est prête à tous les dévouements, à tous les sacrifices pour sauver le pays et ses libres institutions.

« L'esclavage a été la cause et constitue encore la force de la rébellion ; il doit toujours et partout être hostile aux principes d'un gouvernement républicain, à la justice sociale et au salut d'une nation : en conséquence nous demandons qu'il soit à jamais extirpé de notre sol et donnons une approbation sans réserve à la Proclamation d'émancipation par laquelle le gouvernement a porté un coup qui sera mortel à ce gigantesque fléau.

« Nous donnerons donc notre entier concours à tout amendement à la Constitution ayant pour objet de faire prohiber par le vote populaire l'existence de l'esclavage dans les limites de la juridiction des États-Unis.

. . . .

« Nous approuvons la politique sage et désintéressée d'Abraham Lincoln, nous applaudissons à sa fidélité inébranlable à la Constitution, à son patriotisme, à son amour des vraies libertés américaines, — reconnaissant que dans les conjonctures d'une difficulté sans pareille où il s'est trouvé placé, il a rempli tous les devoirs de sa charge et mis hors d'atteinte sa responsabilité présidentielle.

« Nous approuvons et nous endossons (*we approve and endorse*), comme exigés par les circonstances et comme essentiels à la sauvegarde de nos institutions, les actes du Président et les mesures qu'il a prises pour défendre la nation contre ses ennemis déclarés et secrets, — spécialement la proclamation d'émancipation des nègres appartenant à des rebelles et l'emploi comme soldats de l'Union des hommes affranchis de l'esclavage. Notre confiance en Lincoln est entière et nous espérons qu'il usera de tous ses pouvoirs et emploiera tous les moyens nécessaires pour mener à bonne fin son œuvre et sauver la patrie. »

Le manifeste de Baltimore recommandait encore l'union de tous les esprits, l'intégrité et l'économie dans l'administration de la fortune publique, la protection pour les immigrants, l'humanité pour les prisonniers de guerre, la reconnaissance pour les soldats tombés au service du pays, le respect des engagements contractés sous la foi de la nation, etc., etc...

Au sujet des affaires du Mexique la Convention républicaine unioniste est tout aussi énergique au fond que la convention radicale, mais elle s'exprime en termes plus diplomatiques. Celle-ci disait que le peuple américain ne voulait plus tolérer (*tolerate*) l'entreprise étrangère commencée par la France sur le continent américain au mépris de la doctrine de Monroë. Les républicains empruntent au cabinet de Lincoln son langage.

« Nous approuvons, dit le manifeste, la position prise par le gouvernement qui déclare que le peuple des États-Unis ne saurait jamais regarder avec indifférence les attentats d'une puissance européenne ayant pour but de renverser par la force ou supprimer par la fraude les institutions républicaines d'un des peuples de l'Amérique du Nord. Nous voyons avec une extrême jalousie, comme une menace pour la paix et l'indépendance de notre pays, les efforts faits par cette puissance pour implanter de nouveau, à la porte des Etats-Unis, un gouvernement monarchique sans autre appui que la force d'une armée étrangère. »

Telles étaient les principales résolutions contenues dans le manifeste de Baltimore; elles n'étaient, on le voit, qu'une approbation presque sans réserve donnée à la politique de Lincoln : la convention le désigna donc à l'unanimité comme candidat à la présidence, avec Andrew Johnson pour vice-président. Quelques voix s'étaient égarées au premier tour de scrutin sur le général Grant.

*
* *

Les deux conventions de Cleveland et de Baltimore, les républicains modérés et les radicaux, ne parlaient pas de compromis; le Nord tout entier voulait que le Sud se rendît d'abord à discrétion, se croyant certain d'un triomphe complet à courte échéance.

On avait cette conviction que Grant et Sherman, ayant déjà remporté une série de succès non interrompus et peu coûteux, la rébellion ne tarderait pas à succomber sous leurs coups, que Richmond et Atlanta pris, leur chute entraînerait celle de la Confédération. Aussi aucun doute, aucune appréhension ne troublaient la sécurité des auteurs du manifeste que nous avons résumé plus haut. Leur langage était celui d'un maître qui vient de soumettre des sujets insurgés, qui récompense les serviteurs fidèles et traduit les coupables devant son tribunal. Tel fut l'esprit dans lequel se réunit, agit et se sépara la Convention de Baltimore : tous ses membres étaient assurés que l'année 1864 verrait et la réélection de Lincoln et la chute de la Confédération du Sud.

Mais voici que des événements imprévus, du jour au lendemain, changent complètement la face des affaires.

Grant échoue dans ses attaques contre Cold Harbor et Petersburg, Sheridan manque un mouvement tournant qu'il opérait contre Lee, le Maryland est de nouveau menacé, et Sherman arrêté par des obstacles inattendus dans sa marche sur Atlanta. Ces revers ébranlent la confiance du Nord.

En même temps une proclamation apocryphe est lancée dans tous les États. Le Président Lincoln y confessait de prétendues fautes commises par le général Grant et ordonnait une nouvelle levée d'hommes, « afin de reconstituer l'armée du Potomac décimée par « les dernières défaites et maintenant exposée d'un « jour à l'autre à une destruction complète. »

Ces nouvelles avaient déjà porté un coup terrible au crédit des États-Unis et produit une baisse effroyable sur les fonds publics, lorsqu'on apprit par surcroît la retraite du ministre des finances, l'honorable

Salmon P. Chase, à la science et au dévouement duquel les États loyaux avaient dû le succès de toutes les mesures financières grâce auxquelles le trésor était parvenu à couvrir les dépenses d'une guerre aussi formidable.

La confiance semblait donc perdue, la crainte succédait à l'espérance, et l'on parlait déjà d'entrer en pourparlers avec les rebelles, d'accepter, d'offrir même la paix.

*
**

Deux tentatives furent faites durant cette sombre période pour arriver à un arrangement entre les belligérants.

Des Confédérés qui se trouvaient au Canada écrivirent à M. Horace Greeley, le 5 juillet 1864, que MM. Clément C. Clay de l'Alabama, James P. Holcombe, de la Virginie, et Geo. N. Sanders se rendraient à Washington, dans l'intérêt de la paix commune, si on leur accordait un sauf-conduit. Comme on lui avait affirmé confidentiellement que ces personnes étaient munies des pleins pouvoirs du gouvernement de Richmond, M. Greeley n'hésita pas à transmettre la proposition au président Lincoln. Il lui conseillait d'accueillir les ouvertures des Confédérés et lui indiquait même certaines conditions auxquelles la paix pourrait être faite. Voici les bases sur lesquelles il proposait de traiter :

« L'Union restaurée et déclarée perpétuelle ; — l'esclavage à tout jamais aboli dans son sein ; — amnistie complète pour tous les citoyens ayant pris part à la rébellion ; — indemnité pour les propriétaires des esclaves affranchis ; — répartition des représentants et des taxes directes dans les anciens Etats à esclaves, d'après leur population totale, y compris les hommes de couleur ; — convocation d'une Convention nationale chargée de ratifier les précédentes conditions et de proposer tel amendement à la Constitution qui semblerait utile. »

Lincoln répondit à son honorable correspondant qu'il pouvait aller lui-même au Canada se mettre en rapport avec les commissaires en question, mais il ne lui donnait pour toutes instructions que la note ci-dessous :

Hôtel du Pouvoir exécutif (*Executive Mansion*).

Washington, 18 Juillet 1864.

A qui de droit :

« Toutes propositions qui embrassent le rétablissement de la paix, l'intégrité complète de l'Union et l'abandon de l'esclavage, et viennent d'une autorité reconnue par les armées actuellement en guerre contre les États-Unis, seront reçues et prises en considération par le Pouvoir exécutif des États-Unis ; elles rencontreront des conditions libérales sur les questions essentielles et sur les circonstances secondaires; le porteur ou les porteurs de pareilles propositions peuvent venir en toute sécurité. »

Signé : ABRAHAM LINCOLN.

Ce qui précède se trouvait au bas de la lettre que le Président écrivait à M. Greeley à la suite de sa communication, lettre qui lui fut portée par le secrétaire particulier de Lincoln, le major Hay. Une pareille réponse pouvait à juste titre être considérée comme une véritable fin de non recevoir; MM. Clay et Holcombe en tirèrent tout le parti possible, dans un manifeste auquel on donna beaucoup de publicité, pour exciter l'ardeur du Sud et lui attirer les sympathies des citoyens qui dans le Nord attendaient impatiemment le jour où l'on pourrait signer une paix honorable. On reprochait au gouvernement de ne pas avoir mieux accueilli les ouvertures des Confédérés du Canada et de vouloir, à tout prix, continuer une guerre ruineuse, dont le succès final était redevenu aussi incertain qu'au premier jour.

Fort heureusement d'autres négociations avaient eu lieu vers le même temps du côté de Richmond, qui ne tardèrent pas à lever tous les doutes sur les véritables dispositions du Sud.

Le révérend James F. Jaques, de l'Illinois, et M. J. R. Gilmore, de New-York, s'étaient rendus, au su de Lincoln, mais sans sa permission, dans la capitale des confédérés pour y porter des paroles de paix; ils avaient obtenu du Président Davis une audience où celui-ci leur posa nettement son ultimatum.

« Je désire autant que vous la paix, leur dit-il; je
« déplore comme vous le faites tant d'effusion de sang;
« mais j'ai ce sentiment que pas une goutte du sang qui
« a coulé dans cette guerre n'est resté sur *mes* mains :
« — je puis regarder Dieu en face et dire cela. J'ai fait
« tout ce qui dépendait de moi pour empêcher cette
« lutte. Je la voyais bien arriver, et pendant douze ans
« j'ai travaillé nuit et jour pour la prévenir; mais je
« n'ai pas réussi. Le Nord était sourd et aveugle; il ne
« voulait pas nous laisser nous gouverner nous-mêmes,
« et la guerre est venue : maintenant nous irons jus-
« qu'au bout, jusqu'à ce que le dernier homme de no-
« tre génération soit tombé, puis après, nos enfants
« prendront encore le fusil et combattront notre com-
« bat, *à moins que vous ne reconnaissiez notre droit*
« *au* SELF-GOVERNMENT. *Nous ne nous battons pas*
« *pour l'esclavage*. Nous nous battons pour l'*Indé-*
« *pendance* et c'est elle ou l'extermination que nous
« *voulons.* »

Quand ses hôtes prirent congé de lui, M. Davis les salua de ces dernières paroles :

« Dites à M. Lincoln de ma part que je recevrai avec
« plaisir, en tout temps, toute proposition de paix ba-
« sée sur la reconnaissance de notre indépendance. Il
« serait tout à fait inutile de venir à moi avec d'autres
« propositions. »

On ne pouvait pas être plus explicite; il était donc

bien entendu que la confédération voulait faire reconnaître son indépendance et que les rebelles préféraient la ruine complète au retour à l'Union. La connaissance de ces dispositions valait plus qu'une victoire pour la cause du Nord. En effet, l'opposition dans les États loyaux avait cru jusqu'à ce jour que le Sud combattait moins l'Union que l'abolition de l'esclavage et que l'arrivée au pouvoir du parti démocratique suffirait pour apaiser ses craintes et le ramener à la Constitution. Après les déclarations de Jeff. Davis il n'y avait plus de doutes possibles, et cependant le parti démocratique n'en fit pas moins tous ses efforts pour renverser Abraham Lincoln et le remplacer par le général Mac Clellan.

*
**

C'est seulement le 29 août que la Convention nationale démocratique se réunit à Chicago, sous la présidence d'Horatio Seymour, gouverneur du New-York.

Ce dernier, qui semble avoir nourri secrètement l'espérance d'arriver à la Présidence, fit, à l'ouverture de l'assemblée, un discours très-énergique contre la continuation de la guerre, sous une forme néanmoins polie et modérée. Mais quelles violentes harangues aux balcons des hôtels avoisinant la salle des délégués! Vingt orateurs se disputaient la foule qui applaudissait à outrance toutes les accusations ou les injures qu'on portait contre Abraham Lincoln. De place en place on voyait un citoyen tenant à la main un transparent sur les faces duquel on lisait des devises et des sentences conçues dans le goût suivant :

Lincoln a ruiné le pays en quatre ans, — nous voulons nos droits, — nous demandons notre liberté, — qu'on nous rende l'Habeas corpus.

L'Union, la Constitution et Little Mac!

Old Abe est un cheval, Mac Clellan un cavalier.

Plus de springfield-jokes aujourd'hui! Plus de tes drogues, vieux charlatan!

Les discours valaient les sentences.

Approchons d'une des estrades en plein vent où, entre deux morceaux d'une criarde musique, parle un des orateurs les plus populaires du New-Jersey, le révérend C. Chauncey Burn. Toutes les sympathies de l'orateur sont pour les rebelles. Écoutez-le :

« Nous n'avons pas le droit, dit-il, de brûler leurs
« récoltes, de voler leurs pianos, leurs cuillères, leurs
« joyaux. M. Lincoln a volé des milliers de nègres; vo-
« ler [1] un nègre, c'est la même chose que voler 10,000
« cuillères! On a dit que si le Sud voulait mettre bas
« les armes, les portes de l'Union lui seraient ouvertes;
« le Sud ne peut pas honorablement mettre bas les
« armes, parce qu'il combat pour son honneur. Deux
« millions d'hommes ont été employés au massacre
« du Sud et les vides de l'armée de Lincoln ne peuvent
« plus être remplis ni par les engagements volontaires,
« ni par la conscription. Pour moi si je faisais une

---

1. For every negro he had thus stolen 10,000 spoons

« prière, je demanderais qu'aucun des Etats de l'Union
« ne pût jamais être ni conquis ni subjugué. »

Le Rev. Henri Clay Dean, de l'Iowa, s'exprimait ainsi du haut du perron de la maison voisine :

« Pendant trois ans Lincoln a demandé des soldats, « et on les lui a donnés. Mais avec les grandes armées « dont il a le commandement, qu'a-t-il fait? il a « échoué! *échoué*!! ÉCHOUÉ!!! ÉCHOUÉ!!!! De pa-« reilles défaites étaient encore inconnues. Une si « grande destruction d'hommes ne s'était pas vue de-« puis la destruction de Sennachérib par le souffle du « Tout-Puissant. Et le monstre a encore besoin d'hom-« mes pour continuer son œuvre de boucher!!....

« Depuis que cet usurpateur, ce traître, ce tyran oc-« cupe le siége de la Présidence, le parti republicain « crie : couteau en main; guerre au couteau! Le « sang a coulé par torrents et la soif du vieux monstre « n'est pas étanchée. Il lui faut toujours du sang. »

Voilà ce qu'on entendait aux abords de la Convention démocratique. L'auteur n'apprécie pas, il raconte; le lecteur fera bon marché de ces odieuses attaques contre l'honnête et excellent Lincoln, mais il était indispensable de les rapporter en cette histoire, afin de montrer à quel degré d'injustice et d'aberration l'esprit de parti peut pousser les hommes.

*
* *

Le manifeste de Chicago fut rédigé par C. L. Vallandigham; il était ainsi conçu :

« *Nous avons résolu* d'adhérer avec une fidélité inaltérable, dans l'avenir comme dans le passé, à l'Union telle que l'a établie la Constitution : c'est là le seul fondement solide de notre force, de notre sécurité, de notre bonheur en tant que peuple, et le système de gouvernement qui convient le mieux à la prospérité et aux progrès de tous les Etats, de ceux du Nord aussi bien que de ceux du Sud.

« La Convention croit justement interpréter les sentiments du peuple américain en déclarant qu'après quatre années d'efforts infructueux pour restaurer l'Union par la force des armes, après que la Constitution, au nom de prétendues nécessités militaires, a été violée, la liberté des citoyens foulée aux pieds, la fortune de la nation et des particuliers compromise, — la justice, l'humanité, la liberté et le bien public demandent que des tentatives soient immédiatement commencées pour arrêter les hostilités, afin d'arriver, soit par la convocation d'une Convention souveraine de tous les Etats, soit par tous autres moyens, à rétablir la paix dans le plus bref délai possible, sur les bases d'une Union fédérale où le droit des Etats serait formellement reconnu et solennellement consacré. »

Ce programme signifiait, en langage américain, que le parti démocratique désirait bien l'Union, même avec l'esclavage, mais qu'il ne faisait pas du retour à cette Union une condition essentielle de la paix.

La Convention porta à la présidence le général Mac Clellan.

Les résolutions qui précèdent étaient une faute capitale, mortelle pour le parti démocratique. Dès qu'elles furent connues, les partisans de Lincoln qui commençaient à douter du succès, sinon même à en désespérer, reprirent immédiatement confiance. En même temps arrivaient d'excellentes nouvelles du théâtre de la guerre; la fortune revenait sous les drapeaux de l'Union. — « *Sherman a pris Atlanta!* — *Faragut a forcé la baie de Mobile!* » Voilà ce qu'annonçait à toute l'Union une proclamation du Président.

Mac Clellan, pour atténuer la fâcheuse impression produite sur les citoyens loyaux par le manifeste de Chicago, rédigea une lettre d'acceptation où les idées de son parti étaient interprétées d'une façon plus conforme à ce qu'on était en droit d'attendre d'un ancien général de l'Union, mais cette lettre fut sans résultat ; le coup porté avait été trop fort. Il disait :

« L'Union a été primitivement le résultat d'un compromis dicté par l'esprit de conciliation. Pour la restaurer et la conserver il faut que le même esprit prévale dans les conseils et dans le cœur du peuple. Le rétablissement de l'Union, dans toute son intégrité, est et doit continuer à être la condition nécessaire de réorganisation. S'il est certain, ou seulement probable que nos adversaires actuels sont prêts à faire la paix sur la base de l'Union, nous devons épuiser tous les moyens mis ordinairement en œuvre par les hommes d'État des pays civilisés, et qui nous sont enseignés par les traditions mêmes du peuple américain (dans les limites de ce qui peut être compatible avec l'honneur et les intérêts du pays), — afin d'arriver à cette paix désirable d'où sortirait pour l'avenir l'Union reconnue et acceptée par tous les États et les droits de chaque État garantis dans l'Union par la Constitution. L'Union est la seule condition de la paix, nous ne demandons pas davantage.

« Laissez moi ajouter ce qui, je n'en doute pas, bien qu'on ne l'ait point formellement exprimé, était dans l'esprit de tous les membres de la Convention, ce qui est dans le sentiment du peuple qu'ils représentaient : je veux parler de l'accueil qui attend tout État décidé aujourd'hui à reprendre sa place dans l'Union. Il y serait reçu immédiatement, avec une pleine et entière garantie pour tous ses droits constitutionnels. Si après avoir fait en toute franchise et loyauté de persévérants efforts pour arriver à un résultat pacifique, notre entreprise venait à échouer, la responsabilité des conséquences qui pourraient ultérieurement s'en suivre devrait retomber sur ceux qui resteraient en armes contre l'Union, car l'Union doit être à tout prix sauvée.

« Je ne pourrais plus regarder en face ceux de mes anciens camarades qui ont survécu à tant de batailles meurtrières, si j'abandonnais cette Union pour laquelle nous avons ensemble exposé si souvent nos jours. Sans doute les soldats comme le peuple verraient avec une immense joie qu'une paix fondée sur l'Union et la Constitution vînt mettre fin à tant d'effusion de sang, *mais il n'y a pas de paix durable sans l'Union.* »

On eût pu croire qu'à la suite de cette lettre le parti démocratique changerait de candidat; il n'en fut rien. Les *leaders* de la Convention défendirent Mac Clellan, mais de la façon la plus injurieuse pour son honneur et son patriotisme. Le *Daily News*, l'organe le plus avancé du parti, affirma que le général avait eu connaissance des résolutions de Chicago deux mois avant la Convention, qu'elles lui avaient été soumises au nom du parti démocrate par Alfred Edgarton de l'Indiana, et qu'il en avait approuvé sans réserve l'esprit et la lettre. Quelques jours après, dans un meeting, Fernando Wood, pour défendre son candidat qu'on attaquait au sujet de la lettre précédente, osait prononcer ces paroles : — « Mac Clellan sera « notre agent, notre créature ; il ne peut désobéir à la « voix publique... Quant à sa lettre, tant pis pour qui « s'y trompe : ce n'est qu'un subterfuge, qu'une ruse « de guerre. »

Le silence de Mac Clellan fit penser, à juste titre, que, s'il ne répudiait pas d'une manière éclatante des alliés qui interprétaient ainsi sa pensée et sa conduite, c'est que ceux-ci disaient la vérité ; et le parti républicain n'eut aucune peine à faire accepter que les vrais principes du parti démocratique qui voulait renverser Lincoln n'étaient pas dans la lettre d'acceptation de son candidat, mais dans la plate-forme de Chicago.

C'est ce qu'exprima avec son esprit ordinaire le secrétaire d'État, M. Seward, à une procession d'électeurs républicains qui vinrent à cette époque défiler sous ses fenêtres et lui donner une de ces fréquentes aubades auxquelles sont exposés les hommes d'État américains, surtout pendant les époques d'élection.

« Mes chers concitoyens, dit M. Seward (du haut de
« sa fenêtre), la démocratie, à Chicago, après avoir
« cherché pendant six semaines si la guerre que
« nous soutenons était un triomphe ou un échec pour
« notre cause, a fini par décider que nous avions
« échoué; en conséquence elle a pris des résolutions
« et nommé un candidat tels, que cette opinion de-
« viendra nécessairement une vérité si l'on cesse
les hostilités et qu'on abandonne le terrain sans
« conteste. A Baltimore, au contraire, vous avez pensé
« qu'il n'était pas aussi certain que cela que nous
« eussions échoué; et en conséquence vous avez
« décidé de demander jusqu'à la fin au sort des ba-
« tailles le salut de l'Union. *Sherman et Farragut*
« *viennent d'enlever toute raison d'être aux nomina-*
« *tions de Chicago*; et les élections partielles du Maine
« et du Vermont prouvent que les choix de Baltimore
« sont bons et salutaires pour le pays. La question est
« aujourd'hui bien nettement posée : — *Mac Clellan*
« *et la Séparation* ou *Lincoln et l'Union*. Avez-vous
« quelque doute sur le succès final? (Cris : Non! non!)
« moi, je n'en ai aucun. Mille remercîments, mes
« amis, pour votre visite. »

C'est à ce moment que le général Fremont, candidat du parti radical, devant les projets avoués de trahison du parti démocratique, crut devoir retirer son nom de la lutte électorale, et voici en quels termes il le fit à la date du 27 septembre :

« La lutte à laquelle donne lieu la prochaine élec-
« tion présidentielle a pris un caractère tel, que
« l'union du parti républicain est devenue une néces-
« sité de premier ordre. En effet la politique du parti
« démocratique signifie ou *séparation* ou retour à
« l'Union *avec l'esclavage*. La *platform* de Chicago,
« c'est la séparation pure et simple. La lettre d'ac-
« ceptation du général Mac Clellan, c'est le rétablis-
« sement de l'Union avec l'esclavage. Le candidat ré-
« publicain au contraire est engagé à rétablir l'Union
« *sans* l'esclavage ; et, si timide que soit sa poli-
« tique sur ce point, l'opinion de son parti le forcera
« bien à agir. En ces conjonctures, aucun homme d'un
« esprit libéral ne saurait hésiter un instant ; et je crois
« être conséquent avec mes antécédents et mes prin-
« cipes en me retirant, — non pas pour pour aider
« au triomphe de M. Lincoln, mais pour empêcher
« autant que je le puis l'élection du candidat démo-
« crate.

« En ce qui touche M. Lincoln, mes sentiments
« n'ont pas changé ; je considère son administration
« comme n'ayant été qu'une série de fautes politiques,

« militaires et financières et je regrette pour le pays
« que l'on soit forcé de lui continuer son mandat. »

*
* *

Le scrutin du 8 novembre donna les résultats qu'avaient déjà prévus depuis plusieurs semaines les observateurs intelligents : — Lincoln fut nommé par 2,213,665 voix; Mac Clellan en obtint 1,802,237.

La volonté de la majorité du peuple dans les États loyaux n'était plus douteuse : jamais on n'avait voulu plus fermement, plus unanimement qu'à cette heure l'intégrité de l'Union, ni vu plus clairement la vanité de toutes les espérances de conciliation. Le devoir du gouvernement était donc désormais de n'accueillir aucune proposition de paix tant que les rebelles n'auraient pas mis bas les armes.

*
* *

Deux dernières tentatives furent pourtant encore faites, au commencement de l'hiver de 1865, pour arrêter les hostilités. L'honorable Francis P. Blair, du Maryland, visita deux fois Richmond dans ce but, avec le consentement du Président Lincoln, mais sans que ce dernier l'eût prié de faire aucune démarche. Enfin, sur leur demande formelle, MM. Alex. H. Stephens, A. John Campbell et Robert M. F. Hunter obtinrent l'autorisation de traverser les lignes de Grant devant

Petersburg pour se rendre à la forteresse Monroë où ils devaient rencontrer le secrétaire d'État, M. Seward, et le Président Lincoln. La conférence fut longue et bien remplie; on y parla de part et d'autre en toute liberté, mais on n'aboutit à aucun résultat. Les délégués de la confédération n'avaient pas pouvoir de promettre le retour à l'Union; le Président Lincoln ne voulait pas traiter sur une autre base ; en sorte que les parties se séparèrent comme elles s'étaient réunies.

Au retour des délégués, un grand meeting eut lieu à Richmond, dans lequel le Président Jefferson Davis s'exprima ainsi :

« Dans ma correspondance avec M. Lincoln, ce fonctionnaire n'a cessé d'appeler les États-Unis et la Confédération « notre pays désolé; » je n'ai, moi, jamais manqué d'établir nettement la distinction entre deux gouvernements désormais séparés ; et plutôt que de nous voir jamais de nouveau réunis, je préférerais perdre tout ce que je possède sur cette terre et subir mille morts si c'était possible. »

Il terminait sa harangue en faisant un nouvel appel à tous ceux qui se trouvaient en état de porter les armes, leur promettant qu'avant un an les Yankees seraient chassés de la Virginie et demanderaient la paix sur les bases que voulait le Sud.

Le meeting à l'unanimité se prononça pour continuer énergiquement la guerre.

VI

CAMPAGNE DE SHERMAN EN GÉORGIE. — CAPITULATION DU GÉNÉRAL LEE. — ABOLITION DE L'ESCLAVAGE.

Pendant la campagne électorale, l'armée de terre et la flotte avaient repris le cours de leurs succès un moment interrompu par des échecs assez graves, et qui avaient menacé de ruiner l'œuvre si péniblement accomplie par Lincoln, à l'heure où l'on croyait le triomphe certain.

Au point où nous avons laissé les opérations militaires, deux positions importantes restaient encore à prendre pour compléter le blocus du Sud : c'étaient *Mobile*, dans le golfe du Mexique, et *Charleston*, sur l'Atlantique.

Le 5 août 1864, la flotte fédérale s'était présentée devant la baie de Mobile, sous la conduite de l'amiral Farragut. Ce courageux marin, fatigué par l'âge et la maladie, s'était fait attacher à la hune du vaisseau amiral le *Hartford*, du haut de laquelle il commanda l'action. Le combat était à peine commencé que le bélier *Tecumseh* s'abîma, frappé par une torpille. Alors l'amiral fit prendre la tête au *Hartford* et toute la flotte, criblant de mitraille et d'obus les forts nnemis, franchit la barrière intérieure et gagna le milieu de la baie, où elle engagea contre les navires confédérés une action meurtrière, mais finalement victorieuse.

Cette importante victoire rendait au gouvernement fédéral le libre usage de sa flotte de blocus et faisait tomber en son pouvoir l'État du Mississipi, celui de l'Alabama, et toutes les vallées Géorgiennes de la baie de Mobile.

Nous avons vu que Sherman avait été un instant arrêté devant Atlanta où l'ennemi s'était fortement retranché. Par une suite de mouvements aussi hardis que bien exécutés, l'habile général finit par amener l'évacuation de cette vaste place d'armes, qui n'avait pas un développement moindre de 20 kilomètres et qui pouvait défier les assauts de forces trois fois supérieures à celles dont il disposait. Le général confédéré Hood essaya en vain de rappeler Sherman en se portant sur sa base d'opérations. Sherman avait eu soin de laisser des garnisons suffisantes; néanmoins il revint sur ses pas et battit son adversaire. Puis il reprit sa marche en avant, détruisit les lignes fortifiées d'Atlanta, renvoya tous les bagages superflus et se dirigea vers la mer, à travers la Georgie, pour aller donner la main à la marine et achever de couper les armées des confédérés. Divisant ses troupes en deux colonnes, masquant son véritable point d'attaque, il paraît devant Savannah (décembre), quand l'ennemi le croyait près de Macon. De Savannah il remonte au nord pour coopérer avec les forces de Grant, et fait fuir à son approche les défenseurs de Charleston, qui se retirent en incendiant les entrepôts de coton, les magasins, les arsenaux, les chantiers, les vaisseaux de la flotte confédérée. A la suite de ces succès il pénétrait le 17 février 1865 à Colombie, c'est-à-dire au cœur de la Caroline du Sud, que Beauregard évacuait en toute hâte, puis montait à Fayetteville le 11 mars, où il se trouvait encore à une distance de deux cents milles de l'armée de Grant, mais sur le point d'effectuer sa jonction avec deux autre colonnes, opérant sur le flanc de cette armée.

Grant resserrait pendant ce temps ses lignes d'investissement autour de Richmond et de Pétersburg. Le 2 avril 1865, il emportait Petersburg, et Lee envoyait à Jefferson Davis un exprès pour l'inviter à prendre la fuite en toute hâte, avant que les cavaliers de Sheridan ne lui eussent coupé toute retraite.

Le 7, Lee qui venait de parcourir près de 300 milles à travers un pays coupé de ravins, de bois, de torrents, Lee qui n'avait plus de canons, plus de vivres, presque pas d'armes, fuyant les troupes du général Ord, se réfugiait à Farmville sur l'Appomattox.

« L'épuisement des soldats confédérés, qui depuis cinq jours de marche n'avaient à la lettre *rien mangé* [1], excepté des graines de maïs et des écorces d'arbres, devint tel qu'après un conseil de guerre tenu par les généraux, le commandant en chef de l'artillerie, le général Pendleton, fut chargé de com-

1. Nous regrettons de ne pouvoir rapporter en son entier le récit très-dramatique qu'a donné de la capitulation de l'armée de Nord-Virginie, M. Edouard Lee Childe, dans son intéressante étude sur *la Vie et les Campagnes* du général Robert Lee, son oncle. Cela eût été peut-être le meilleur et le plus juste hommage à rendre à ce livre honnête et ému, où l'auteur (dont nous ne partageons pas les opinions) a su garder une attitude consciencieuse entre ses sentiments de famille et la vérité historique.

muniquer au général en chef que l'avis unanime du conseil était qu'il n'y avait plus qu'à se rendre. Telle cependant n'était pas la manière de voir de Lee. « Me rendre ! s'écrie-t-il, le regard en feu ; il me reste trop de bons soldats pour cela ! »

« Il croyait sans doute encore pouvoir atteindre les montagnes, et tant que cette chance lui restait, il ne se croyait pas autorisé à renoncer à la lutte. »

Mais Grant qui le suivait de près le force à quitter Framville et lui écrit le 7 avril 1865, « qu'en présence
« de l'inutilité d'une résistance plus prolongée de la
« part de l'armée de Nord-Virginie, et pour se déchar-
« ger de toute responsabilité pour le sang qui pourrait
« être versé dorénavant, il venait demander la reddition
« de cette armée à laquelle on ne ferait qu'une seule
« condition : l'engagement par les officiers et soldats
« de ne porter en aucun cas de nouveau les armes
« contre le gouvernement des États-Unis, tant qu'ils
« resteraient prisonniers sur parole. »

Grant demandait une entrevue pour arrêter définitivement les conditions de la capitulation.

Lee hésita jusqu'au 9, et ce ne fut qu'à la dernière extrémité, quand il fut convaincu de l'inutilité absolue de toute nouvelle tentative, qu'il accorda l'entrevue demandée. La capitulation fut signée : tous les officiers, en gardant leurs armes, les soldats, en livrant leurs fusils, pouvaient se retirer chez eux, sans avoir à craindre d'être poursuivis par les autorités des États-Unis, sous la condition d'observer la parole qu'ils donnaient d'obéir à la Constitution et aux lois du pays.

*
**

Pendant que l'armée terminait par les merveilleuses campagnes de Grant et de Sherman la soumission des États rebelles, le Congrès, sur la proposition d'Abraham Lincoln, votait l'abolition de l'esclavage.

L'amendement constitutionnel abolissant et prohibant à jamais l'esclavage aux États-Unis, et dans les territoires soumis à leur juridiction, avait été, pour la première fois, présenté au sénat par M. Henderson. Le sénat l'avait adopté par 38 voix contre 6; mais il fut repoussé à la chambre des Représentants : le scrutin donna 95 oui; 69 non.

Le premier vote avait eu lieu le 29 avril 1864, le second, le 15 juin suivant.

Sur la proposition de M. Ashley, de l'Ohio, on décida que la question serait de nouveau soumise à la chambre à l'issue de la guerre et de la campagne présidentielle. Aussi, dans son dernier message du 6 décembre, Lincoln, rappelant cette résolution, avait-il cru devoir engager fortement la chambre des Représentants à se mettre d'accord avec le sénat au sujet de l'amendement adopté par ce dernier.

« Je ne mets pas en doute, disait-il, la sagesse et le
« patriotisme de ceux qui s'opposent encore au pas-
« sage de cet amendement, j'ose seulement vous de-
« mander que la mesure qu'il renferme soit de nouveau
« prise en considération et adoptée pendant la présente
« session. Certainement qu'au point de vue abstrait, si

« l'on ne voit que les principes, la question n'a pas
« changé; mais enfin, il est à peu près certain, par le
« résultat des dernières élections, que si ce n'est pas
« vous qui proposez l'amendement à l'acceptation du
« peuple, ce sera le prochain Congrès; or, puisqu'il ne
« s'agit plus que d'une affaire de temps, pourquoi pas
« plus tôt que plus tard? On ne peut pas prétendre que
« l'élection dernière ait imposé aux membres du con-
« grès d'abandonner leurs opinions, de changer leurs
« votes; mais c'est un élément nouveau qui peut modi-
« fier leur jugement. Pour la première fois, la voix du
« peuple s'est fait entendre dans la question de l'escla-
« vage. Dans une crise nationale périlleuse et décisive
« comme la nôtre, l'unanimité de tous ceux qui mar-
« chent à un but commun est non seulement dési-
« rable, — mais presque absolument indispensable.
« Or pour arriver à cette unanimité, il n'y a qu'un
« moyen, c'est de se rallier à la majorité, sans qu'il soit
« besoin d'autre raison que le *fait seul* de l'existence de
« cette majorité. En l'espèce, le but commun c'est le
« maintien de l'Union. Et parmi les moyens jugés
« propres à l'atteindre, l'élection dernière a manifes-
« tement indiqué l'amendement constitutionnel dont
« il s'agit. »

La chambre des Représentants consultée de nou-
veau se rallia à l'opinion du Sénat et accepta le 1er février 1865 la résolution suivante :

Résolu, etc.

« Que l'article suivant sera proposé aux Législatures

des divers États comme amendement à la Constitution des États-Unis, et qu'une fois ratifié par les trois quarts des susdites législatures, il sera bon et valable à toutes fins, comme faisant partie de la Constitution :

ARTICLE XIII.

« SECTION I. — Il n'y aura ni esclavage, ni servitude involontaire aux États-Unis, ainsi qu'en tout lieu soumis à leur juridiction, si ce n'est comme punition d'un crime dont la partie aura été dûment convaincue.

« SECT. II. — Le Congrès aura le pouvoir de faire exécuter cet article au moyen des lois à ce nécessaires. »

*
* *

Cet amendement fut ratifié par les législatures d'Illinois, Rhode-Island, Michigan, Maryland, New-York, Maine, West-Virginie, Kansas, Massachusetts, Pensylvanie, Virginie, Ohio, Missouri, Nevada, Indiana, Louisiane, Minesota, Wisconsin, Vermont, Tennesse, Arkansas, Connecticut, New-Hampshire, Caroline du Sud, Alabama, Caroline du Nord et Géorgie, — en tout vingt-sept États constituant les trois quarts du nombre entier des États-Unis.

En conséquence, par une proclamation du secrétaire d'État, M. Seward, datée du 18 décembre 1865, — quatre-vingt-dix ans après la déclaration d'Indépendance — l'amendement précité, abolissant l'esclavage, devint valable à toutes fins comme faisant partie de la Constitution des États-Unis.

ÉPILOGUE.

Après la capitulation de Lee, le Sud avait encore une armée en campagne, l'armée de Johnston que poursuivait Sherman et qui ne devait se rendre que le 17 avril 1865.

Au dernier conseil de cabinet tenu sous la présidence de A. Lincoln, et auquel assistait le général Grant, le jour même de l'assassinat, le Président se tourna vers le général en chef, et lui demanda s'il avait des nouvelles de Sherman. Le général lui répondit qu'il n'en avait pas, mais qu'il attendait d'heure en heure des dépêches lui annonçant la reddition de Johnston.

« Eh bien ! dit le Président, vous aurez prochainement des nouvelles et elles seront importantes.

— Pourquoi pensez-vous cela ? dit le général.

— Parce que j'ai rêvé la nuit dernière; et toujours, depuis le commencement de la guerre, j'ai invariablement rêvé la même chose toutes les fois qu'il y a eu un grand événement. »

Il rappela alors Bull's Run, Antietam, Gettysburg, etc., et dit qu'à la veille de chacun de ces épisodes de la guerre il avait eu le même rêve.

« Tenez, ajouta-t-il en se tournant vers le secrétaire de la marine, c'est votre partie, M. Welles. J'ai rêvé que je voyais un vaisseau qui cinglait avec une extrême rapidité, et je suis sûr que cela présage quelque grand événement national. »

Étrange pressentiment! Ce grand événement que lui annonçait son rêve, c'est l'attentat dont il allait être victime le soir même et que j'ai raconté dans l'introduction de cet ouvrage.

Voici comment fut annoncé l'assassinat de Lincoln par la première dépêche officielle envoyée de Washington à la légation des États-Unis, à Londres, par le ministre de la guerre, E. M. Stanton :

« Hier soir (14 avril), vers 10 h. 1/2 du soir, le président Lincoln a été assassiné dans sa loge du théâtre Ford, dans la Cité.

« Il était arrivé vers huit heures avec mistress Lincoln. Un monsieur et une dame se trouvaient avec eux dans la loge dont la porte n'était pas gardée. L'assassin ouvrit cette porte, s'approcha vivement du président et lui tira par derrière un coup de pistolet dans la tête. La balle frappa la partie postérieure du crâne et pénétra d'outre en outre. L'assassin sauta ensuite de la loge sur la scène en brandissant un coutelas ou un poignard, et s'écriant : — « Sic semper tyrannis ! » puis s'échappa par les derrières du théâtre.

« Le président était tombé sur le sol privé de sentiment. Il resta dans le même état jusqu'à 7 h. 20 du matin et rendit l'âme.

« Au moment même où ce meurtre s'accomplissait au théâtre, un second assassin se présentait au domicile de M. Seward, ministre des affaires étrangères, blessait grièvement son fils Frederic Seward, qui voulait s'opposer à son passage, et frappait le ministre alité de deux coups de couteau à la gorge et de deux autres au visage. Après une courte lutte avec les domestiques et le major Seward, fils aîné du ministre, il parvenait également à s'échapper. »

Le lendemain du jour où cette dépêche parut dans les journaux anglais, M. Mason, agent de la Confédération du Sud, fit insérer dans le *Times* une lettre de protestation contre le passage où il est question d'un complot formé par le Sud contre le Nord. Il y repoussait toute complicité du Sud avec les assassins du président Lincoln, qu'il flétrit comme ils le méritent. Malheureusement cette protestation est noyée dans des injures et des violences de langage contre le Nord bien inopportunes en un pareil moment.

Ce crime odieux causa la plus vive émotion. Tous les gouvernements et toutes les assemblées législatives d'Europe exprimèrent leur douloureuse indignation et leur sympathie pour la victime. Le procès-verbal du corps législatif français porte entre autres témoignages :

« Appelé à diriger les affaires dans un temps de
« crise à jamais mémorable, M. Abraham Lincoln
« s'était maintenu à la hauteur de sa difficile mission.
« Après avoir montré son inébranlable fermeté dans

« la lutte, il semblait, par la sagesse de son langage
« et de ses vues, devoir amener bientôt, entre les en-
« fants de la patrie américaine, une féconde et du-
« rable réconciliation. Ses derniers actes sont le cou-
« ronnement de sa vie d'honnête homme et de grand
« citoyen. »

*
* *

Ce n'est qu'au bout de quelques jours que l'on connut le nom de l'assassin? Dans quel but avait-il accompli son exécrable forfait? Qu'était-il devenu? Quelques personnes, pendant la courte apparition du meurtrier brandissant son poignard dans la loge du président, se souvenaient d'avoir déjà vu cette figure sombre et énergique, mais c'est en vain qu'elles cherchaient à mettre un nom sur ce masque pourtant connu.

Le crime avait été longuement prémédité; car toutes les précautions avaient été prises pour que rien n'en pût entraver l'exécution. L'assassin avait pénétré dans la salle avant la représentation et disposé les meubles de la loge de manière à n'être gêné dans aucun de ses mouvements. Une porte communiquant avec les couloirs extérieurs avait été condamnée, et un trou, percé à la vrille dans cette porte, permettait de voir du dehors ce qui se passait à l'intérieur. Quand les personnages du drame se trouvèrent placés comme le voulait le meurtrier, il pénétra dans la loge, et les choses se passèrent exactement comme il les avait d'avance arrangées. Le général Grant, en ne venant pas au théâtre, fit seul manquer la partie du programme qui le concernait.

Profitant de la stupeur générale, le meurtrier avait pu traverser la scène, sans que personne songeât à l'arrêter, descendre un escalier conduisant à une porte de derrière donnant sur la rue et s'élancer sur un cheval que lui tenait tout prêt un complice.

Toute la police fut mise immédiatement sur pied. Le général Anges, commandant militaire de Washington, offrit une récompense de 10,000 dollars pour l'arrestation de l'assassin. Cet exemple fut imité par toutes les grandes villes du Nord, et pourtant pendant plusieurs jours on ne put rien découvrir.

L'arrestation de l'assassin fut des plus dramatiques.

Booth ne démentit point, dans cette circonstance suprême, l'indomptable énergie de son caractère, laquelle, mise au service d'une meilleure cause, eût pu faire de lui un grand homme.

Poursuivi dans les marais de Mary's County, dans l'Illinois, il avait pu, avec son complice Harrold, gagner la ferme de Garrett, près de Port-Royal, et se barricader dans une grange. Les soldats du colonel Baker cernèrent la grange, menaçant d'y mettre le feu si les fugitifs refusaient de se rendre. Booth s'était fracturé la jambe en sautant de la loge du président sur la scène, et ses fatigues et ses courses des jours derniers avaient aggravé sa blessure et la rendaient très-douloureuse. Il déclara cependant qu'il ne se rendrait point et qu'on ne l'aurait pas vivant. Le colonel Baker fit mettre le feu à la grange. On entendit alors un colloque s'établir entre les fugitifs : menacé d'être brûlé vif, Harrold voulait se rendre. Booth le traita de lâche et cria lui-même aux soldats de recevoir son complice qui se rendait. Harrold sortit et fut immédiatement garrotté.

Cependant les flammes avaient envahi toute la grange. Booth, resté seul, rassembla toutes ses forces, et un revolver dans chaque main, se jeta tête baissée sur la clôture qui fermait l'entrée du bâtiment. Une des planches céda, et il allait passer par cette étroite ouverture, lorsque le sergent Corbett, craignant pour sa vie et celle de ses camarades, lui déchargea à bout portant un coup de pistolet dans la tête. Il vécut encore deux heures, et eut une agonie terrible, car il demandait en grâce qu'on lui tirât un coup de revolver dans le cœur, pour l'achever ; — puis on chargea son cadavre sur une charrette, derrière laquelle marchait Harrold attaché par le cou. La famille de Booth réclama en vain son corps, et l'on ignore ce qu'il est devenu. Bien des légendes circulent encore à ce sujet à Washington et à New-York. Il est probable qu'il fut jeté à la mer.

*
**

On fit au président Lincoln de magnifiques funérailles, et les journaux du temps sont pleins des récits de cette solennité.

Elles eurent lieu à Washington, le 19 avril, par une tiède et claire journée de printemps. Le corps fut d'abord exposé à la Maison-Blanche, où plusieurs discours furent prononcés, puis il fut dirigé de là sur le Capitole dans un corbillard traîné par six chevaux blancs. La plate-forme, sur laquelle reposait le cercueil, était couverte de roses blanches et de cyprès. Les trois fils du défunt marchaient derrière.

A la queue du cortége, et par décision de M. Stanton, ministre de la guerre, on voyait deux cent cinquante nègres, tous vêtus de noir. Ils furent d'abord peu remarqués, mais arrivés à la cinquième avenue, où se trouvent les hôtels les plus riches et les plus aristocratiques de la ville, on leur fit une ovation ; des dames applaudissaient aux fenêtres, quelques-unes même leur jetèrent des fleurs. Ces braves gens en étaient bien étonnés. Deux ans auparavant, dans ces mêmes quartiers, on les eût injuriés, frappés et même impunément pendus !

La dépouille mortelle de M. Lincoln fut ensuite placée sur un magnifique catafalque élevé dans la rotonde du Capitole, et resta exposée deux jours. Le 22, à 6 heures du matin, elle partit de Washington pour être transportée à Springfield, sa dernière demeure, et traversa successivement Baltimore, Philadelphie, New-York, Albany, Cleveland, Columbus, Indianopolis et Chicago. Des expositions eurent lieu dans toutes ces villes, à New-York entre autres, où le corps stationna deux jours dans la salle du gouvernement de City-Hall. Durant tout le parcours, les populations affluaient sur le passage du funèbre convoi et venaient saluer une dernière fois, avec toutes les marques de la douleur et du respect, *l'honnête* ABRAHAM LINCOLN

APPENDICE

Monument de Lincoln.

APPENDICE

I

INTRODUCTION DE L'ESCLAVAGE DANS LES COLONIES ANGLAISES DE L'AMÉRIQUE DU NORD.

L'esclavage, comme tous les crimes sociaux et individuels, avait été conçu et pour ainsi dire nourri dans les ténèbres, et malheureusement ce ne fut que lorsqu'il eut atteint sa maturité, pris toute sa force, que les États-Unis comprirent enfin quels germes de mort la Constitution portait dans son sein !

Comment l'esclavage s'était-il introduit dans l'Amérique du Nord ?

C'est en 1620 qu'un navire hollandais débarqua les premiers nègres sur les côtes de la Virginie ; peu de temps après la culture du coton commença ; dès lors, pendant plus d'un siècle, le débarquement s'effectua d'une façon presque régulière, périodique, sans rencontrer d'opposition nulle part [1]. Mais dès l'année 1775 on vit se produire une opposition énergique contre l'esclavage. Dans la Pensylvanie, à New-York, des sociétés abolitionnistes se formèrent, l'esclavage disparut de plusieurs États du Nord, mais se maintint vers le Sud où l'on alléguait en sa faveur la nécessité de la culture du coton. Les fondateurs de la république américaine échouèrent dans les efforts qu'il firent pour l'exclure de la confédération.

Dans l'acte original de la déclaration d'indépendance, Jefferson reprochait durement à George III le patronage dont celui-ci avait favorisé la traite : « Le « roi, disait Jefferson, a déclaré une guerre cruelle « à la nature humaine; il a violé les droits sacrés de « la vie et de la liberté dans la personne d'un peuple « lointain qui ne l'a jamais offensé. Ces hommes innocents, il les a réduits à la captivité, il les a transportés dans un autre hémisphère pour y être esclaves et pour périr misérablement dans la tra-

---

[1] La chose semblait la plus naturelle du monde, et les souverains de l'Europe occidentale furent les premiers à autoriser l'exercice de la traite et même à prendre un intérêt dans cette lucrative entreprise.

Sir John Hawkins fut le premier Anglais qui commanda ouvertement un négrier, et l'on accusa la reine Elisabeth d'avoir participé aux bénéfices de l'affaire.

Au temps des Stuarts, quatre compagnies anglaises furent également constituées en vue de la traite et les rois Charles II et Jacques II firent partie de la dernière.

Enfin le traité d'Asiento, en 1713, créa une compagnie pour l'exploitation des nègres africains et les actions étaient ainsi partagées :

       1/4 à Philippe d'Espagne;
       1/4 à la reine Anne d'Angleterre;
       1/2 réservée au public.

Le nombre des esclaves importés dans les colonies anglaises qui devinrent les États-Unis en 1776, est évalué à 300,000 jusqu'à cette dernière date.

« versée ! Cette conduite de pirates, l'opprobre des
« puissances infidèles, est la conduite du roi chrétien
« de la Grande-Bretagne. Décidé à tenir ouvert un
« marché où l'on vend, où l'on achète des hommes,
« il a *prostitué son veto* en annulant toutes les déci-
« sions de nos assemblées qui avaient pour objet
« de prohiber ou de restreindre cet exécrable com-
« merce. Et pour que cet assemblage d'horreurs soit
« complet, il excite les populations d'esclaves à se
« lever en armes au milieu de nous, afin d'acheter la
« liberté dont il les a privés par le meurtre de ceux
« auxquels il les a imposés, leur vendant ainsi au prix
« de l'assassinat cette liberté dont il les a dépouillés
« par un crime. »

Ce paragraphe de Jefferson dans ses mémoires,
fut retranché pour plaire à la Georgie et à la Caroline du Sud. « Quant à mes collègues du Nord,
« ajoute-t-il, ils furent aussi blessés de ma censure ;
« car, encore bien qu'ils n'eussent pas beaucoup
« d'esclaves, ils en étaient grands marchands pour
« les autres ! »

Les États du Sud firent donc du maintien de l'esclavage
la condition *sine qua non* de leur entrée dans l'Union ;
il fallut y souscrire, sous peine de renoncer à établir
cette Union pour laquelle on avait versé tant de sang.

II

LES MILICES ET L'ARMÉE PERMANENTE AUX ÉTATS-UNIS.

« A côté de l'armée permanente il y a, aux États-Unis,
comme en France, mais avec des proportions ren-
versées, la garde nationale, appelée milice. Les mi-

lices sont organisées par régiments, chaque régiment étant composé d'un seul bataillon et commandé par un colonel, un lieutenant-colonel et un major, selon la tradition anglaise. Comme en France, tous les citoyens, en principe, font partie de la garde nationale; mais, de même que chez nous, le nombre des miliciens effectifs, c'est-à-dire armés, équipés et pourvus d'un rudiment d'instruction militaire, se réduit, par le fait, aux gens de bonne volonté. Ces milices, en ce qui concerne leur organisation, leur armement et leur service (en temps ordinaire, service gratuit, bien entendu) ne dépendent pas du gouvernement fédéral, mais uniquement des gouverneurs particuliers des États. Elles ont d'ailleurs tous leurs officiers nommés à l'élection.

« Quand le gouvernement fédéral a besoin, pour un service de guerre, de mobiliser un corps de milice, il adresse une réquisition à l'un ou à plusieurs des États. Chaque État mobilise alors un certain nombre de régiments, qui, passant pour un temps sous les ordres du président, reçoivent du gouvernement fédéral une solde et des prestations en nature calculées, par parenthèse, sur un pied fort élevé. Il est à remarquer, toutefois, que si le nombre des régiments mobilisés par un État le comporte, le gouverneur de cet Etat (chef élu du pouvoir exécutif) investit un citoyen quelconque du grade de général, et lui donne le commandement du contingent de son Etat. Comme ce citoyen, aussitôt que les milices retournent dans leurs foyers, rentre lui-même dans la vie privée, ne gardant de ses fonctions qu'un titre honorifique, on comprend d'où proviennent ces nombreux généraux que l'on rencontre aux Etats Unis dans toutes les carrières ou professions civiles, parmi les médecins, les avocats, les négociants et même les pasteurs.

« Aussitôt que l'armée du sud qui, en 1861, n'était

elle-même qu'un ramassis de bandes armées, opéra sur Washington cette pointe qui faillit chasser du Capitole le président et le congrès, le gouvernement fédéral fit appel aux milices de l'Etat restées fidèles. Ainsi fut formée la première armée qui se rassembla sur les bords du Potomac et qui sauva le Nord d'un immense danger, armée toute différente par le principe de son organisation, comme par son personnel, de l'armée qui y est réunie maintenant (1862) et qui a remplacé la première.

« En effet, les milices des Etats, avant de quitter leurs foyers pour marcher au secours de Washington, avaient signé des engagements collectifs, assignant, suivant les Etats et même suivant les villes, des termes de un, deux ou trois mois, à la durée de la mobilisation. Il en est résulté que les licenciements successifs et réguliers ont commencé, pour ainsi dire, le lendemain même de l'ouverture des hostilités, et que dès la fin de juillet, il n'y avait plus sous les drapeaux un seul régiment de milice. Heureusement que, sans se faire illusion sur la persistance de l'ardeur belliqueuse dans les rangs de la garde nationale, le gouvernement fédéral avait, dès le début de la guerre, pensé à créer une force militaire, dans des conditions de durée proportionnées aux éventualités qu'on prévoyait.

« Les divers systèmes mis en pratique et les dispositions partielles et locales prises dans ce but, avec plus ou moins de succès, furent fondues et généralisées dans le fameux acte du congrès du mois de juin qui décréta un emprunt de 1,500 millions de francs et une levée de 500,000 volontaires. Par cet acte, le président de la République fut autorisé à lever et à entretenir sous les drapeaux une armée de 500,000 soldats recrutés par voie d'engagement libre contracté pour une durée de trois ans. Quant aux officiers subalternes, supérieurs et généraux, il fut admis, en principe, qu'ils seraient tous au choix du président de la République, et pris parmi l'universalité des citoyens, sans autre condition que celle d'un examen préalable. Vous voyez par là, en allant au fond des choses, que ce que les Etats-Unis se sont trouvés dans l'obligation de faire, ou du moins de tenter, ç'a été de former une armée de même force que l'armée française et d'une composition analogue, et d'en improviser tous les éléments personnels et matériels aussi bien que les éléments moraux, dans l'espace de quelques semaines. Afin de se rendre compte de la grandeur d'un pareil effort et d'en préjuger les résultats, il faut se rappeler que, pour un enfantement semblable, nous avons mis quelque chose comme 70 ans; notre organisation militaire actuelle, objet d'envie et d'admiration pour l'Europe, étant, à tout prendre, le produit d'une tradition non interrompue, de dépenses immenses, d'habitudes invétérées dans les mœurs, les lois et l'administration, enfin d'une série d'expériences qui remontent au moins jusqu'à la Révolution française. »

III

LES PARTIS AUX ÉTATS-UNIS. — RÉPUBLICAINS ET DÉMOCRATES.

Les deux grands partis qui se divisent l'Amérique du nord remontent à l'origine de la Constitution même.

« Les États-Unis, dit M. Tocqueville, forment une institution complexe ; on y remarque deux sociétés engagées ou plutôt emboîtées l'une dans l'autre. On y voit deux gouvernements complétement séparés et presque indépendants : l'un habituel et indéfini qui répond aux besoins journaliers de la société, l'autre exceptionnel et circonscrit qui ne s'applique qu'à certains intérêts généraux, sous la forme fédérale qui se trouve dans la Constitution et qui a paru la dernière. Le gouvernement fédéral est une exception, le gouvernement des États est la règle commune. »

Les causes qui manquèrent de faire avorter l'Union des États qui avaient conquis leur indépendance subsistent après la promulgation de la Constitution. De là deux grands partis qui se partagent le pouvoir, qui s'appelaient autrefois *Fédéraliste* et *Démocrate* et qui se nomment aujourd'hui *Républicain* et *Démocrate*.

En 1789, quand la Constitution entre en vigueur, nous trouvons Washington, président, chef du parti fédéraliste, du parti qui veut un gouvernement central fort, capable de résister à l'étranger et donnant le spectacle d'un des plus grands pouvoirs de la terre.

Un de ses ministres qui fut plus tard aussi président, Jefferson, chef du parti démocratique, voyait dans l'extension du pouvoir central un danger pour la liberté du peuple dans chaque État et le germe de leur destruction.

En 1861, les mêmes partis sont en présence.

Les *républicains* sous la présidence de Lincoln font prédominer la doctrine de la supériorité de l'Union sur les États et défendent cette idée que les États ne peuvent au nom de leur souveraineté attenter à la liberté humaine ; en face d'eux les *démocrates* au nom de la liberté des États et du texte de la Constitution réclament l'immunité pour leurs institutions particulières.

Il y a bien encore d'autres différences entre les deux partis, qui, suivant les circonstances, leur ont fait donner les sobriquets oubliés aujourd'hui, même à New-York et à Washington : *Nullifiers, Free-soilers, Locofoo, Know-Nothing, Native-Américains.*

Les Démocrates exaltaient l'État particulier aux dépens de l'Union, les Républicains soutenaient l'Union aux dépens de l'État particulier. L'annexion de nouveaux territoires était demandée par les premiers pour étendre l'esclavage, par les autres pour l'y proscrire. Ceux-ci appelaient de tous leurs vœux l'émigration européenne et accordaient tous les droits politiques aux nouveaux venus dès le jour de leur arrivée ; ceux-là, au contraire, ne reconnaissaient de droits politiques qu'aux individus nés sur le sol, et voulaient garder tous les avantages de la constitution américaine pour les Américains.

Enfin les Républicains, en majorité dans le nord essentiellement manufacturier, étaient protectionnistes pour défendre l'industrie indigène contre les fabriques étrangères, tandis que les Démocrates du sud, pays de grandes cultures, demandaient à échanger librement les produits de leur sol fécond contre les marchandises importées d'Europe.

Si la doctrine du droit des États a par deux fois failli faire sombrer l'Union, la première après la paix de 1783, la seconde parce qu'elle couvrait de sa protection l'esclavage, il faut prendre garde de tomber dans les extrêmes de la doctrine opposée. L'excès de la centralisation serait mortel pour la liberté aux États-Unis.

L'abolition de l'esclavage a fait pour jamais disparaître la cause de disjonction qui existait entre le Nord et le Sud, et la possession du droit de suffrage garantit définitivement l'affranchi contre la possibilité d'être réduit de nouveau en servitude ; — il ne faut pas que le congrès s'avance plus loin qu'il ne l'a fait dans la voie de la centralisation, et voilà pourquoi sans doute on ne tardera pas à voir revenir au pouvoir le parti démocratique.

La souveraineté des États diminuée du droit de sécession, et l'égalité des citoyens devant la loi civile et politique proclamée, c'est l'indépendance réelle des États particuliers unis entre eux pour la défense de leurs intérêts et l'avancement du bien-être et de la justice par le lien d'un contrat devenu indissoluble et perpétuel.

IV

HOMMAGES RENDUS PAR LA PRESSE FRANÇAISE A LA MÉMOIRE DE LINCOLN.

On lisait le 28 avril 1865 dans le *Journal des Débats* :
« L'œuvre s'achèvera après Lincoln ainsi qu'elle se fût achevée par lui; mais Lincoln restera la personnification austère et sacrée d'une grande époque, l'expression la plus fidèle de la démocratie.

Cet homme simple et droit, prudent et fort, élevé peu à peu de l'établi d'un artisan au commandement d'un grand peuple et toujours se trouvant, sans éclat et sans effort, au niveau de sa situation, exécutant sans précipitation, sans emphase, avec un bon sens invincible, les choses les plus colossales, donnant au monde ce décisif exemple du pouvoir civil dans une république, dirigeant une guerre gigantesque sans que les institutions libres soient un seul instant compromises ni menacées d'usurpation militaire, mourant enfin au moment où il allait pacifier après avoir vaincu (et Dieu veuille que les atroces insensés qui l'ont tué n'aient pas tué avec lui la clémence et décidé, au lieu de la paix qu'il voulait, la pacification par la force!); cet homme demeurera, dans la tradition de sa patrie et du monde, en quelque sorte le peuple incarné, la démocratie moderne elle-même.

« Il fallait donc le sang du juste pour sceller le grand œuvre d'émancipation que le sang du juste avait inauguré! La tragique histoire de l'abolition de l'esclavage ouverte avec le gibet de John Brow, se fermera sur l'assassinat de Lincoln.

« Et maintenant qu'il repose auprès de Washington, comme le second fondateur de la grande république! Toute la démocratie européenne est présente en esprit à ces funérailles, comme elle a voté du cœur pour sa réélection et applaudi à la victoire dans le sein de laquelle il est enseveli. Tout entière elle voudra s'associer au monument que l'Amérique lui élèvera sur le Capitole de l'esclavagisme abattu. »

A la même date M. Henri Martin s'exprimait ainsi dans le *Siècle* :

« Les États-Unis ont fait une perte irréparable, et il faudrait remonter jusqu'à Washington pour trouver un citoyen qui ait rendu à la grande république américaine autant de services que le noble et malheureux Président qui vient de tomber sous les coups d'un misérable assassin. M. Lincoln était né en 1809; il était jeune encore et cependant on peut dire qu'il n'y eut jamais de carrière d'homme d'état mieux remplie. On trouvait chez lui, à défaut des qualités trop brillantes dont on fait trop de cas en Europe, ces solides vertus du citoyen et ce robuste bon sens qui semblent être le propre de la race américaine. L'histoire en effet dira avec quelle fermeté et en même temps avec quelle modération il a su diriger la politique de l'Union dans les circonstances les plus difficiles, et sans recourir à des lois d'exception, et sans s'armer d'un pouvoir dictatorial, traverser victorieusement une crise où son pays pouvait s'abîmer...

« L'Amérique conservera le souvenir de Lincoln au même titre que celui de Washington ; elle associera ces deux noms dans sa reconnaissance, car si l'un a fondé l'union, l'autre l'a empêchée de périr. »

FIN.

TABLE DES MATIÈRES

Introduction 1
Sources 11

PREMIÈRE PARTIE.

LA JEUNESSE D'ABRAHAM LINCOLN.

I. Les pionniers de l'Ouest. — Histoire de la famille Lincoln. 15
II. Le premier maître d'école. — Éducation religieuse. — Les pasteurs ambulants. 22
III. Départ pour l'Indiana. — Abraham commence sa vie de pionnier. — La cabane et le moulin. 29
IV. Mort de madame Lincoln. — Abraham continue ses études. 37
V. Où Lincoln rencontre un professeur de mathématiques et de nouveaux livres pour sa bibliothèque. — Voyage à la Nouvelle-Orléans. 42
VI. Nouvelle émigration. — La famille Lincoln s'établit dans l'Illinois. 46
VII. Abraham quitte sa famille et devient le commis d'un meunier. 50
VIII. Guerre du Faucon-Noir. — Lincoln capitaine, géomètre, législateur, avocat. 53
IX. Débuts d'Abraham Lincoln au barreau de Springfield. 59

DEUXIÈME PARTIE.

LA VIE POLITIQUE D'ABRAHAM LINCOLN.

I. Lincoln au Congrès de 1847. — Guerre du Mexique. — District de Colombie. — Droits de pétition, etc. etc. . 69
II. Le passé des États-Unis. — La Constitution et l'esclavage. — Compromis du Missouri et comment il fut respecté 78

TABLE DES MATIÈRES

III. Campagne électorale de 1858. — A. Lincoln et Stephen Douglas. 90
IV. 1860. Election présidentielle. — Abraham Lincoln est élu président. 101
V. La Sécession. — Voyage de Lincoln de Springfield à Washington. — Complot de Baltimore 105
VI. Inauguration du 4 mars 1861. — Constitution des États-Unis. — Philosophie de l'esclavage. 114

TROISIÈME PARTIE.

ABRAHAM LINCOLN PRÉSIDENT DES ÉTATS-UNIS.

I. Préparatifs de guerre. — Forces et ressources respectives des États du Nord et du Sud. — Le général Lee. 12
II. La politique et la guerre. — Le général Mac-Clellan. — Emancipation des nègres appartenant à des rebelles. 141
III. Abraham Lincoln à la Maison-Blanche 153
IV. Comment un grand peuple conduit une grande guerre. — Les volontaires et les fédéraux. — Théâtre de la guerre. — Opérations militaires. — Un jour de prières et d'actions de grâces. 175
V. Élection présidentielle de 1864. — Les trois Conventions. — Lincoln ou Mac Clellan. 199
VI. Campagne de Sherman en Géorgie. — Capitulation du général Lee. — Abolition de l'Esclavage 226
ÉPILOGUE 233

APPENDICE.

I. Introduction de l'esclavage aux États-Unis. 243
II. Les milices américaines 245
III. Les partis aux États-Unis. — Démocrates et Républicains. 248
IV. Hommages rendus par la presse française à la mémoire d'Abraham Lincoln. 251

COULOMMIERS. — Typographie PAUL BRODARD.

A LA MÊME LIBRAIRIE

A. JOUAULT. **George Washington**, d'après ses mémoires et sa correspondance. Histoire de la Nouvelle-France et des États-Unis d'Amérique au xviii siècle. 1 vol. in-18, avec 3 gravures et 2 cartes, broché.   1 fr. 25

EDWARD LEE CHILDE. **Le général Lee**, sa vie et ses campagnes. Ouvrage accompagné d'un portrait et de deux cartes. 1 vol. in-18 jésus, broché.   3 fr. 50

Mme LEE CHILDE. **Le général Lee**, avec un portrait et deux cartes. 1 vol. in-32, broché.   50 c.

Coulommiers. — Imp. PAUL BRODARD

www.ingramcontent.com/pod-product-compliance
Lightning Source LLC
Chambersburg PA
CBHW050347170426
43200CB00009BA/1759